ASPIRATIONS

IMPRIMERIE DE FILLET FILS AÎNÉ, RUE DES GRANDS-AUGUSTINS, 5

ASPIRATIONS

POÉSIES

PAR

LÉON DIERX

PARIS
DENTU, LIBRAIRE-ÉDITEUR
PALAIS-ROYAL, GALERIE D'ORLÉANS

1858

RÊVERIE

> Chaque flot m'apporte une image;
> Chaque rocher de ton rivage
> Me fait souvenir ou rêver!
> **LAMARTINE.**

Dans sa course sans fin toujours infatigable,

Le soleil, de nouveau, sur les flots avait fui,

Dotant d'un jour de plus ce monde insatiable;

Et l'horizon lointain, longtemps derrière lui,

A son dernier rayon, à son dernier sourire,

De son vaste incendie avait rougi le ciel.

Comme un enfant qui dort et faiblement soupire,

La vague assourdissait son murmure éternel.

Les voiles de la nuit sur la plage déserte

Descendaient lentement, et les flots par degré,

Se couvrant d'indigo, perdaient leur teinte verte.

Pour un falot lointain sur la grève éclairé,

Mille astres surgissaient dans les cieux; et dans l'onde,

Dans ce vaste miroir, on voyait, réunis,

Scintiller tous les deux dans la vague profonde

Le phare rouge et vif, l'étoile aux feux pâlis.

Bientôt l'astre des nuits, de son front triste et pâle
Fendit un noir nuage, et dans les flots joyeux,
Tremblante, contempla sa beauté sans rivale ;
Telle, laissant tomber son peignoir amoureux,
Dans son miroir se mire une vierge craintive.
On entendait au loin le chant triste et léger
Du nautonnier pensif qui regagnait la rive ;
Je m'assis sur le sable et me pris à rêver....,

 Dites-moi, vagues miroitantes,
 Qui toujours vous multipliez ;
 Dont les cimes étincelantes
 Viennent se briser à mes pieds,
 Qu'elles baignent de leur écume ;
 Oh ! dites-moi d'où vous sortez !

Et quelle plainte, dans la brume,
A ce rivage vous jetez!

Venez-vous de l'île où ma mère,
Tremblante et craintive, m'attend?
Vient-il de sa bouche si chère,
Ce soupir qu'apporte le vent?

O toi, que dans l'onde limpide
En rêvant on suit dans ton cours;
O toi, qu'une brise rapide
Devant elle chasse toujours;
Beau nuage, qui sur ma tête
Sembles un instant t'arrêter,

D'où viens-tu ? — dis ! — Qui t'inquiète ?
Et quel mot viens-tu me porter ?

Viens-tu de ce lointain rivage
Où le printemps est éternel ?
M'apportes-tu de cette plage
Un regard d'amour maternel ?

Toi, qui dans la nuit solitaire
Poursuis, sous son voile enchanté,
Ton rêve incompris du vulgaire ;
Toi, qui d'un sillon argenté
Caresses la vague mobile ;
Pâle Hécate, qui loin d'ici

Ce matin passait sur mon île,
Pourquoi me regarder ainsi?

Qu'as-tu vu, belle messagère,
Qui te fais tristement passer?
Est-ce une larme de ma mère?
Est-ce une plainte? — Est-ce un baiser?

Belle Lune qui ne te lasses
Jamais de ton triste chemin,
Si tu la vois lorsque tu passes,
Oh! de moi parle-lui demain!
Léger nuage, que peut-être
Là-bas ramènera le vent,

Dis-lui qu'à ma pauvre fenêtre
Tu m'as vu pleurer bien souvent!

Vous qui portez de plage en plage
Votre soupir mystérieux,
Vagues, portez-lui comme gage
Ces pleurs qui tombent de mes yeux.

PLAINTE DE MINUIT.

> Donc, qu'est-ce ? pourquoi t'arrêtes-tu ? pourquoi nourris-tu tant de lâcheté dans ton cœur ? pourquoi n'as-tu ni hardiesse, ni courage ?
>
> DANTE.

LE POETE.

O Vierge aux yeux d'azur, aux ailes diaphanes,
Qui m'apparus un soir où mes yeux pleins de pleurs
Racontaient à la nuit mes premières douleurs,
Alors, qu'enfant craintif, fuyant l'œil des profanes,

Mon cœur dans mes deux mains je l'apportais à Dieu ;
O Vierge ! souviens-toi de ta douce promesse,
Souviens-toi de l'enfant, divine enchanteresse !
C'était bien à cette heure, hélas ! et dans ce lieu ;
Après avoir prié, je relevai la tête
Comme pour regarder si le ciel me plaignait,
Et je vis devant moi, que son regard baignait
D'un fluide argenté d'une vertu secrète,
Un ange aérien, une fée aux yeux bleus,
Qui tenait dans sa main une lyre d'ivoire ;
Le vent faisait flotter sa chevelure noire ;
De son doigt transparent elle montrait les cieux.
« Tu pleures, me dit-elle avec un doux sourire ;
Raconte-moi ton mal, je le consolerai,
Ou bien de ta souffrance aussi je pleurerai.
Pour t'apprendre à chanter, je t'apporte une lyre

n chantant tes chagrins, tu les adouciras.
mi, je suis ta sœur, je veux être ta muse;
'écarterai pour toi l'horizon qui t'abuse,
t toujours reviendrai quand tu m'appelleras ! »
Aujourd'hui comme alors, je souffre et je t'appelle;
Oh! viens, descends du ciel, ô ma Muse fidèle !

LA MUSE.

Me voici devant toi. Parle! que me veux-tu ?
Quel est ce mal nouveau, qu'il faut que je guérisse ?
De tes illusions est-ce le sacrifice ?
L'espoir est-il sorti de ton cœur abattu,
Comme un divin nectar sort d'une urne brisée ?
Quel souffle de ton âme a terni la pensée ?

LE POETE.

Toi, dont la blanche main vint essuyer les pleurs
Qui coulaient sur ma joue aux chagrins de l'absence;
Toi qui montres le ciel où brille l'espérance,
Le ciel dont tu descends à mes cris de douleurs;
Toi dont l'œil est si doux, toi qui m'aimes sans doute,
Muse, je te salue, et te donne un baiser !
Laisse sur tes genoux ma tête se poser;
Je suis seul, n'est-ce pas, et personne n'écoute?

LA MUSE.

Tout dort autour de nous; — la nuit rêve là-bas
Sous les arbres du parc, et le sombre feuillage
Frissonne doucement à son triste passage.
L'horloge a retenti... Comme un lugubre glas,

Douze coups lentement frappent l'airain sonore.
Sous la croisée ouverte entends-tu le zéphyr
Passer, jetant dans l'air une plainte, soupir
De quelque âme qui souffre, et des vivants implore
La prière? Entends-tu dans les noirs corridors
Ce long gémissement qui fait frémir de crainte?
C'est le cri de douleur qui répond à la plainte;
Car c'est l'heure sinistre où s'éveillent les morts;
Où la lune répand une lueur blafarde;
Où la ronde infernale a repris ses ébats
Et frappe le gazon, qui sèche sous ses pas.
C'est une triste nuit, ô poëte; regarde!
Chez les vivants tout dort; tout veille chez les morts!
Toi seul es éveillé, je t'écoute, et personne
Ne viendra nous troubler, sinon l'heure qui sonne.
C'est une nuit d'amour, de pleurs ou de remords!

LE POÈTE.

Nuit d'amour et de pleurs, tu l'as dit, ô ma Muse !
Nuit d'amour, car l'amour dans le cœur m'est entré,
Et d'un tourment sans fin m'a soudain pénétré,
Comme le trait aigu que lance l'arquebuse,
Et que de la blessure on n'ose retirer.

Nuit de pleurs, car pour moi la paix s'est envolée,
Car l'espoir a brisé mon âme désolée,
Et s'est évanoui pour ne plus y rentrer,
Ainsi que de son nid l'hirondelle s'envole.

J'aime !... Et jamais ses yeux, aussi doux que les tiens,
N'ont su lire l'amour qui remplissait les miens.
J'aime, et de son beau front à la blanche auréole,
Mon nom ne rougira jamais l'éclat si pur,
Son œil a comme toi la couleur de l'azur,

La jeunesse pour sœur y trouva l'innocence,
O Muse, et d'être aimé je n'ai pas l'espérance !
Jamais à mon approche elle n'a tressailli !
Chaque soir je l'entends du piano sonore
Faire couler des chants que mon âme dévore,
Comme un soldat blessé, par la mort assailli,
Vide jusqu'à la fin la coupe qu'on lui porte.
Et jamais sous ses doigts, quand ces chants sont passés,
Elle ne voit les pleurs que mes yeux ont versés.
J'ai longtemps espéré, mais l'espérance est morte...
Quand le marin vaincu par les flots en fureur
A lutté, mais en vain, seul contre la tempête ;
Quand son pont s'engloutit, courbant alors la tête,
Il s'élance à la mer plein d'angoisse et d'horreur ;
Car il n'a plus d'espoir que dans le flot lui-même,
Et son bras qui le fend fait un effort suprême.

O Muse! c'est ainsi que je viens dans ton sein
Noyer le noir chagrin qui dévore mon âme ;
Car sous ta robe d'or bat le cœur d'une femme,
Car ta main, quand je souffre, est là qui prend ma main.

Oh! n'être aimé jamais! Oh! ne jamais entendre
Une voix adorée en tremblant murmurer
« Je t'aime! » à votre oreille — Et ne pouvoir pleurer
Que seul, pendant la nuit, quand son cœur va se fendre.
Oh! ne m'entends-tu pas?... Oh! viens! Retourne-toi!
Mais rien !... Elle a passé !... pas un regard pour moi !

. . . .

Mais tu me restes, toi; toi ma muse chérie,
Toi qui viens m'arracher à cette triste vie,

Toi qui vas, déployant tes ailes dans la nuit,

M'emporter avec toi dans le pays des rêves,

De ton souffle divin déjà tu me soulèves ;

Partons, la nuit est noire, et mon cœur lui sourit.

LA MUSE.

Tu te plains de souffrir, et ton âme en délire

Vient me prendre à témoin pour compter tes sanglots ;

Tu dis que le malheur t'engloutit sous ses flots,

Et pour le mal d'un jour tu chantes le martyre.

Insensé ! la douleur rend l'amour immortel ;

S'il nous fuit sur la terre, on le transporte au ciel.

Tu dis que d'être aimé tu n'as pas l'espérance ;

Qu'importe ? si ton cœur est plein de son amour :

Le vulgaire est aimé, mais n'aime qu'un seul jour ;
Seul, le poëte souffre et chérit sa souffrance.
En chantant son amour il le rend immortel,
Et son bonheur sur terre est de rêver du ciel.

Aime donc sans espoir, aime sans récompense !
Comme Pétrarque aima sa Laure au front divin ;
Qu'aveugle dans son choix nous roule le destin,
Toi, calme, souriant à ton chagrin immense,
Chante ainsi que le Dante un amour immortel ;
Pour être heureux sur terre, il faut rêver du ciel.

Prends la harpe, ô poëte, et laisse là la lyre.
La harpe convient mieux à des chants de douleur ;

Par ses chants plus divins elle apaise le cœur;
Saül à ses accents sortait de son délire.
Qu'un nom cher sous tes doigts soit un nom immortel!
Partons!... quittons la terre, et sautons dans le ciel!...

VÉNUS DE MILO

Sic te diva potens Cypri.
HORACE.

L'Olympe avait croulé sous la main d'un enfant ;
Tout s'était abîmé. — Les Dieux dans les décombres
Gisaient ensevelis sous son pied triomphant,
Et dormaient pour toujours humiliés et sombres.

Dix-huit siècles sur eux avaient déjà passé :
Le silence et l'oubli dans une paix profonde
Veillaient seuls auprès d'eux sur l'autel renversé :
Nul ne se souvenait qu'ils eussent fait le monde.

Alors ton front de marbre, immortelle Vénus,
Souleva dans la nuit la pierre de ta tombe,
Et calme tu sortis, debout et les seins nus,
Arrêtant sur tes flancs ton voile qui retombe.

Deux éclairs indignés jaillissent de tes yeux ;
Une lueur divine illumine ta tête ;
Et seule tu reviens, déesse, sous les cieux,
Dans ta beauté suprême et dans ta foi secrète.

O douleur ! pour toujours tes bras sont mutilés.
D'un fer profanateur ta hanche est effleurée ;
Mais qu'importe, ô Phidias ! pour nous émerveillés
Elle est plus belle encor dans sa splendeur sacrée !

Sur sa lèvre s'arrête un superbe dédain ;
Et nous voyons toujours ce signe de victoire,
La pomme que jadis tu lui mis dans la main ;
Son barbare supplice augmente encor sa gloire.

Ainsi qu'aux premiers jours c'est la jeune Astarté,
C'est la Vénus Victrix, l'immortelle Aphrodite
Qui tenait à ses pieds tout l'Olympe enchanté,
Qui pressait l'univers sur son sein qui palpite ;

La reine de Paphos au doux nom de Cypris !
Qu'adorait à genoux la Grèce prosternée ;
La déesse aux yeux bleus que le berger Pâris
Dans sa nudité sainte un jour a couronnée.

O marbre ! sur ton front en vain passe le temps ;
En vain autour de toi le culte qui s'élève,
Sur ton autel riant d'un éternel printemps,
Bâtit le temple saint et sa flèche qui rêve ;

En vain l'encens léger ne brûle plus pour toi,
En vain tes Dieux amis sont tombés en poussière ;
Nous te gardons toujours notre première foi,
Plus belle tous les jours, tu règnes sur la terre.

Car rien n'est plus sacré que cette nudité

Que baisaient les flots bleus au jour de ta naissance ;

Car rien n'est plus divin que ta blanche beauté ;

Que ton regard où luit l'immortelle innocence !

FANTOMES.

> Faire des hommes! œuvre inouïe,
> avoir comme Dieu ses créatures;
> ajouter ses visions aux histoires;
> faire coudoyer les grands hommes
> par ses imaginations!
> A. VACQUERIE.

Un jour, un homme vient, voit les hommes petits;

Dans leur sang refroidi la séve est arrêtée;

Son sublime dédain leur jette PROMÉTHÉE,

Et les Dieux étonnés sont jaloux de son fils.

Un autre, sur les bords de l'antique Ionie,
Mêlant sa voix divine au murmure des flots,
Sur sa lyre, deux fois, fait chanter ses héros;
Il meurt... et l'univers encense son génie.

Un autre écrit la PHÈDRE. — Un autre, ô vision!
Dans un rêve entrevoit l'OEDIPE et l'ANTIGONE;
La Grèce s'agenouille à leurs pieds et frissonne,
Et voit dans l'avenir un nouvel horizon.

Mais le voile retombe. — Au travers de la brume
Les peuples dispersés s'agitent au hasard ;
Vers un but incertain ils fixent leur regard,
Et jusqu'au haut des cieux monte leur sang qui fume.

Soudain à l'orient s'élève un cri puissant !
La terre, en frissonnant d'une joie infinie,
Relève vers le ciel sa face rajeunie,
Et dans son nimbe d'or la VIERGE tient l'Enfant.

L'espoir a réchauffé les âmes abattues ;
Sur les toiles partout la MADELEINE en pleurs,
Aux pieds du Christ en croix apporte ses douleurs
Et reçoit au désert les palmes descendues.

Alors un pâle enfant aux longs cheveux flottants
Traîne au divin tombeau la muette famille ;
Alors, suprême effort, la coupole qui brille
Révèle à l'avenir un siècle de Titans.

Puis, voilà que le doute, après la paix profonde,
Une seconde fois enveloppe le monde.
Voilà le sombre Hamlet, le farouche Othello,
Faust, Harold, et Manfred au nocturne sanglot.

Jocelyn, pâlissant au fond des cathédrales,
Élève vers le Christ ses deux mains sépulcrales,
Et pour Rolla qui meurt invoque un Dieu clément.
Alceste avait craché sur Tartufe qui ment.

Don Juan, las de chercher, ô raillerie amère!
Invite à son souper le Convive de pierre;
Et Werther et Ruy-Blas, ne croyant qu'à l'amour
Rongés de désespoir, volent leur dernier jour.

Que naîtra-t-il, mon Dieu ! de ce sinistre doute ?
Quelle flamme nouvelle éclairera la route ?
Ainsi que Jupiter frappant son front brûlant,
Le siècle mettra-t-il au monde un autre enfant ?

Hélas ! nul ne le sait. — Les nations sont mortes ;
Les hommes passeront… mais non vous, ombres fortes.
Dans la brume des temps vous flotterez toujours,
Toujours jeunes et beaux, ainsi qu'aux premiers jours.

Un jour, n'en doutez pas, après bien des années,
Les générations devant vous prosternées,
Douteront si des Dieux vous n'êtes pas les fils,
Tant leur paraîtront grands vos pères endormis !

LES TROIS FRÈRES

> Où te saisir, ô nature infinie ?
> Et vous mamelles, où ?
> GOETHE.

Nous allons à tâtons dans notre nuit profonde,
Regardant à travers la brume du chemin ;
Tantôt nous effrayant près du torrent qui gronde,
Aux broussailles tantôt déchirant notre main.

Dans cette obscurité qui recouvre le monde,
Nous cherchons au hasard le mot du genre humain;
La perle d'or toujours se cache au fond de l'onde,
Les échos hier muets ne diront rien demain.

Cependant nous marchons au travers de l'espace,
Nous laissant caresser par le vent lorsqu'il passe.
Mais au bord du sentier trois spectres sont assis.

Toujours au même endroit ils rêvent solitaires,
Comme dans le désert les sphinx aux fronts austères;
Rien ne ternit l'éclat de leurs yeux adoucis.

II

> Connais tu le pays où les orangers fleurissent ?
> GOETHE.

Quand vous venez, tout bas le premier vous appelle,
Et, de son doigt montrant le ciel qui resplendit,
Il vous dit : « Tout là-bas fuyons, ouvrons notre aile,
Allons au pays d'or où le printemps verdit.

« Au loin, à l'horizon est la fleur éternelle
Qui sourit au soleil et chaque jour grandit;
Sa corolle d'argent s'ouvre toujours plus belle,
Et palpite aux doux mots que le zéphyr lui dit.

« Viens ! bel enfant aimé, viens, car tout nous convie ;
Allons vivre, veux-tu? d'une nouvelle vie,
Et tous deux embrassés nous rêverons le soir.

« Ne sens-tu pas ton cœur tressaillir d'allégresse ?
La volupté là-bas balance la jeunesse ;
Je suis l'ange d'azur qu'on appelle l'Espoir. »

III

> Il n'est pas de plus grande douleur
> que de se rappeler un temps heureux
> dans la misère.
>
> DANTE.

Le second, dans la nuit, pensif penche la tête,

Et lorsque vous passez vous sourit tristement.

Il garde au fond de lui quelque peine secrète,

Et le passé lointain lui parle amèrement.

Son front pâle se plisse et sa bouche est muette ;
Son regard vers le sol s'abaisse doucement ;
Nul bruit ne vient troubler sa pensée inquiète,
Qui cherche à ressaisir un fantôme charmant.

Demandez-lui pourquoi son front est taciturne,
Pourquoi sa solitude et son rêve nocturne ;
Il vous dira : « Pour moi, sans charme est l'avenir.

« Du passé disparu je garde la mémoire ;
Rêves d'or du matin, en vous qui m'a fait croire ?
Je suis l'ange de nuit qu'on nomme SOUVENIR ! »

IV

> Et le seigneur dit à Moïse : voilà la terre
> promise à la postérité d'Abraham ; vous
> l'avez vue et vous n'y passerez pas!
> DEUTÉRONOME.

Le troisième jamais ne vous montre sa face.

Mais quand vous êtes loin, vous entendez sa voix

Qui vous dit : « Insensé, qui cherche en vain ma trace !

Je ne te dirai pas ce qu'au ciel j'entrevois.

« Le sentier que tu suis, vieillard, près de moi passe ;
Mais je me cache à tous ; et jamais sous tes doigts
Ne tombera mon voile ; et ton pas qui s'efface
Ne te conduira pas aux lieux où tu me crois.

« Mes deux frères pour toi seront les seuls visibles.
Entre eux deux promenant tes rêves impossibles,
Aux buissons du chemin tu laisseras ton cœur ;

« Ton âme espère encor qu'arrive la souffrance ;
Espère ! et souviens-toi de ta folle espérance ;
Tu ne verras jamais l'archange du Bonheur ! »

SEIZE ANS

> Mon oreille est encor pleine des airs dansants
> Que les échos du jour apportent à mes sens;
> Je ferme en vain les yeux, je vois toujours la fête;
> La valse aux bonds rêveurs tourne encor dans ma tête.
> LAMARTINE.

Qu'ai-je donc en mon cœur qui m'agite sans cesse?

Quel tourment inconnu me dévore et m'oppresse,

Et soulève en mon sein ces soupirs si nombreux?

Pourquoi ces pleurs, le soir, qui coulent de mes yeux

1.

Et viennent sans raison me voiler la paupière,
Lorsque le roi des cieux, prêt à quitter la terre,
S'enveloppe de pourpre à l'horizon doré ?
Quel mal mystérieux de moi s'est emparé ?
Pourquoi depuis ce bal, pleine d'inquiétude,
Mon âme cherche-t-elle et fuit la solitude ?
En vain je le combats, toujours son souvenir
Revient à ma pensée... Un tout autre avenir
Déroule vaguement à mon âme ravie
Les horizons plus beaux d'une nouvelle vie ;
Mais pour les distinguer je fais de vains efforts,
Comme un marin perdu, pour retrouver ses bords,
Dans la brume du ciel fixe un œil immobile ;
Mais la brume est épaisse, et sa peine inutile !

Ce bal, qu'il était beau ! Comme ces mille feux,
Dans les glaces, partout, se mirant tout joyeux,
Se renvoyaient l'éclat de leurs tremblantes flammes !
Ces parfums enivrants, et ces fleurs... et ces femmes !...
Femme !... Qu'a donc ce mot pour me troubler ainsi ?
Femme !... Ce mot si doux et dont je suis ravi !
J'aime à le prononcer tout bas, lorsque personne
Ne m'écoute, et je sens tout mon cœur qui frisonne ;
Dans chaque livre ouvert je le retrouve écrit,
Et sans cesse il revient riant à mon esprit.
Il me semble les voir, ces cinq lettres si chères,
Briller devant mes yeux en brûlants caractères ;
Pour le former là bas, ce mot mystérieux,
Les étoiles, ce soir, s'assemblent dans les cieux ;
Et voilà qu'une voix, qui flotte dans l'espace,
Le jette dans la nuit à ce vent frais qui passe.

Que j'aimais à les voir, frissonnant de plaisir,
En cercle se former !... Et comme le zéphyr
M'apportait les parfums qui flottaient autour d'elles!
Oh! mon Dieu! sous ces fleurs comme elles étaient belles
Comme leurs fronts si purs rayonnaient de bonheur!
Comme leurs doux regards m'entraient droit dans le cœur
Et me faisaient mourir de plaisir et de crainte!
Et le son de leurs voix, qui, doux comme une plainte,
Arrivait jusqu'à moi dans un souffle embaumé!...
Que n'aurais-je donné, dans cet air enflammé,
Pour être un seul instant un de ces jeunes hommes
Qui près d'elles causaient! — Insensés que nous sommes! —
Pour une heure d'audace et de témérité,
Pour oser secouer cette timidité
Qui me clouait au mur, oh! dix ans de ma vie
Je les aurais donnés!... Hélas! vaine folie!

oux ombrages si chers, solitudes des bois,
uisseaux qui murmurez de vos plaintives voix,
nature, ô forêts où rêve en paix mon âme,
ites-moi, dites-moi, qu'est-ce donc que la femme?

CLAIR DE LUNE

> L'enfer a déchiré le voile de mon âme.
> LAMARTINE.

La lune au front des cieux brillait tranquille et pâle ;
Devant elle avaient fui les nuages d'argent ;
Et les flots la berçaient dans un rayon d'opale,
    Au reflet d'or changeant.

Nous étions seuls, assis sur la plage pensive,
Laissant le vent du soir glisser dans nos cheveux
En frémissant d'amour, et la vague plaintive
  Murmurer sous les cieux.

La nuit autour de nous épaississait ses voiles;
Elle laissait sa main reposer dans ma main ;
Et son regard d'azur, perdu dans les étoiles,
  Brillait d'un feu divin.

Mes yeux avec amour contemplaient son visage,
Son beau front où des cieux l'amour se reflétait,
Et que l'astre des nuits, pour y voir son visage,
  Doucement argentait.

Oh ! qu'il est saint et pur le front de l'innocence !
Qu'il est doux de le voir, dans un rêve enfantin,
Sonder les vastes cieux et chercher en silence
    Un avenir lointain !

Qui peut savoir, hélas ! les soupirs de son âme,
Tous ces désirs secrets qui naissent dans son cœur
Et brillent dans ses yeux, mystère de la femme,
    Passagère candeur ?

Oh ! malheur à celui qui d'une haleine impure
Effleure le premier le front blanc d'un enfant !
Qui dans ce cœur candide a versé la souillure,
    Joyeux et triomphant !

Nous nous taisions tous deux — Que sert un vain langage
A deux cœurs réunis qui s'aiment tendrement ?
Sa main pressait ma main, et seul, sur le rivage,
    Au flot parlait le vent.

Nous nous aimions pensifs. Que nous faisait le monde ?
Sur mon cœur doucement je la pressai tremblant ;
Un baiser nous unit dans une paix profonde,
    Un long baiser brûlant...

Tout à coup sur les flots un chant divin s'élève,
Et du sein de la nuit arrive jusqu'à nous ;
Il approche, et bientôt, ainsi que dans un rêve,
    Jette ces mots si doux,

« O vous que le bonheur a touchés de son aile,
Venez, soyez heureux !
O vous qu'il a choisis pour la paix éternelle,
Suivez-moi tous les deux !

« Qu'il souffre nuit et jour, celui qui sur la terre
Ne s'est pas fait aimer !
Laissons-le loin de tous contempler, solitaire,
Son cœur se consumer !

« Mais vous qui vous aimez, vous dont chaque pensée
Trouve un écho chéri ;
Vous qu'un mot a remplis d'une joie insensée,
Un mot cent fois béni ;

« Venez ! soyez heureux ! au fortuné rivage
<blockquote>Ma barque vous conduit ;</blockquote>
Laissez passer le vent, laissez gémir la plage,
<blockquote>Laissez rêver la nuit ! »</blockquote>

Le chant avait cessé, — Puis au loin dans la brume
Je vis venir à nous une barque d'argent,
Qui, des flots tout joyeux fendant la blanche écume,
<blockquote>Gonflait sa voile au vent.</blockquote>

Sous un souffle divin elle approchait rapide,
Et bientôt je pus voir, debout et radieux,
Un ange dont le front brillait noble et splendide,
<blockquote>Un envoyé des dieux.</blockquote>

Il guidait d'une main sa barque étincelante ;
De l'autre il nous montrait un magique horizon,
Illuminé soudain d'une flamme éclatante.
   Sublime vision !

Devant nous il s'arrête, et sa voix nous convie ;
Je cherche alors la main de celle que j'aimais ;
Je cherche... mais en vain ! Elle s'était enfuie,
   Enfuie à tout jamais !

Tout avait disparu, regards, baisers, rivage,
Et les chants sur les flots, et l'ange aux longs cheveux...
C'était un songe, hélas ! c'était un rêve !... O rage !
   Pleurez ! pleurez mes yeux !

Moi, je n'irai jamais, belle lune au front pâle,

Te contempler la nuit que seul avec les flots;

Et toi seule entendras de ma douleur fatale,

Les nocturnes sanglots!

LES BORDS DU RHIN

> Souvent, en parcourant ce caveau solitaire,
> Ces murs implacables et nus,
> Muets ainsi que ceux des vieilles catacombes,
> Je me suis demandé : les morts de tant de tombes,
> Hélas! que sont-ils devenus?
> MAXIME DU CAMP.

Descends, ô Rhin superbe, et sur ton lit immense
Dans ton sublime orgueil coule silencieux!
Entre tes bords lointains le zéphyr se balance,
Et l'azur de tes flots vient de l'azur des cieux.

Vers ton but éternel, dans ta beauté tranquille,
Tu vas, et tout joyeux te reçoit l'Océan ;
Tel le génie altier fixe un œil immobile
Sur l'horizon magique où sa gloire l'attend.

Entraîne, ô fleuve-roi, dans ta course rapide,
Ma barque qu'à tes flots abandonne ma main,
Et qui semble un point noir sur ta face limpide.
Comme Faust, sur le dos du centaure divin,
Ne pouvant arrêter sa course vagabonde,
S'élance plein d'audace et s'enfuit avec lui,
Ainsi nous te suivons en glissant sur ton onde,
Et déjà bien des bords derrière nous ont fui.

Déroule tristement devant moi, qui t'admire,
Sur ton flanc jeune encor tout ton passé vieilli,
Qui depuis cinq cents ans dans tes ondes se mire,
S'enfonçant chaque jour sous les flots de l'oubli.
Sur tes coteaux riants liés en double chaîne,
Des ruines partout, où sur le seuil désert,
Sous le lierre grimpant, regardant dans la plaine,
L'esprit des temps passés poursuit son rêve amer!

Pleure, ce temps n'est plus! Pleure, ta gloire est morte!
Pleure, de tes enfants la race a disparu!
Pleure, du vieux donjon ne grince plus la porte!
Le guerrier n'entend plus, à sa voix accouru,
Résonner le pas lourd du soldat sur la dalle;
Le cor ne répond plus au cor, au fond des nuits;

Des burgraves joyeux se tait la grande salle ;
Tous ces Titans sont morts, et sont morts tous leurs bruits.

Où sont sur les créneaux les sombres sentinelles,
Dont le qui-vive, au loin, faisait frémir la nuit?
Où sont des fiers combats les clameurs éternelles,
Et les cris des vaincus que le vainqueur poursuit?
Où sont sur les remparts les rouges oriflammes
Qui déroulaient au vent leurs défis orgueilleux?
Tes fils dégénérés, de leurs bateaux infâmes
Sillonnent maintenant tes flots si glorieux!...

O vous, qui vers le sol penchez sous l'infortune
Un front superbe encor, que d'un aile de plomb

Sans cesse bat le Temps! Ruines qu'importune
Le bruit qu'autour de vous quelques roitelets font;
Qui ne leur demandez qu'un peu de solitude,
Pour y rêver à l'aise, et poser vos genoux ;
Vous dont j'admire encor l'orgueilleuse attitude,
Ruines, je vous aime, et je pleure avec vous !

Sans doute, quand la nuit au loin couvre la plaine,
Quand la lune s'élève et luit au haut des cieux ;
Quand s'éteint, vers minuit, barcarolle lointaine,
Le chant du batelier qui s'éloigne joyeux ;
Lorsque l'on n'entend plus au travers de la brume
Que le chant qu'à la nuit murmure le grillon,
Et qu'il jette au troupeau qui revient et qui fume,
Chant plaintif qu'à l'épi redit chaque sillon;

Sans doute, quand tout dort, secouant la tristesse
De votre noir manteau qui s'étend sur le Rhin,
Terribles, comme aux jours de gloire et de jeunesse,
Vous vous dressez debout, aigles aux pieds d'airain;
Vos fenêtres alors lancent partout la flamme;
Sous les talons d'acier la dalle retentit;
Et du haut de sa tour déployant l'oriflamme,
Le burgrave au burgrave insulte, et la brandit!...

Mais non! Tout reste en paix! — De la tombe profonde
Vous ne revenez plus, morts, insulter au monde.
Le passant aujourd'hui ne vous craint pas, hélas!
La nuit impunément tressaille sous ses pas.
Plus que le jour pour vous elle est lugubre et sombre,
Sans bruit et sans témoins vous vieillissez dans l'ombre;

Seule, vous caressant avec l'aile du vent,
La lune au front des cieux sur vous passe en rêvant!...

A H.....

> Un ange au radieux visage,
> Penché sur le bord d'un berceau,
> Semblait contempler son image
> Comme dans l'onde d'un ruisseau.
> REBOUL.

Quand vous dormez la nuit,

Par les anges bercée ;

Alors que d'aucun bruit

Votre âme n'est blessée,

L'un des anges d'espoir,

Celui qui toujours veille

A vos côtés le soir,

Pendant que tout sommeille

Vous dit-il quelquefois

Combien vous êtes belle,

Et douce est votre voix?

Alors un doux sourire

Sur vos lèvres expire,

Aux baisers du zéphyr

Telle on voit vers l'aurore,

Timide et pâle encore,

La rose s'entr'ouvrir.

Vous dit-il que la terre
Est indigne de vous?
Qu'en ce monde étrangère,
Vous vous montrez à nous,
Si belle et si modeste,
Comme un reflet divin
De la beauté céleste?
Puis, écartant soudain
L'enveloppe mortelle
Qui vous cache à nos yeux,
Le front tout radieux,
Et déployant son aile,

Vous fait-il avec lui
Traverser l'infini ?

6.

Et votre âme ravie,
Solitaire en ces lieux
Entend-elle des cieux
La sublime harmonie?

Ou bien encor, penché
Sur le bord de la couche,
Par les rideaux caché ;
Dans l'air de votre bouche,
Baignant ses blonds cheveux,
Sur votre front candide
Repose-t-il ses yeux ?
Tel que dans l'eau limpide
D'un gracieux ruisseau,
Voyant sa robe blanche,

Pour s'y mirer se penche
Un innocent agneau;

Tel, dans votre visage
Contemplant son image,
Murmure-t-il qu'un jour,
Après ce monde impie,
Vient l'éternelle vie
Du céleste séjour?

Mais cet ange qui chante
La nuit, pour t'endormir,
De sa voix douce et lente,
Un divin avenir,

Jamais ne vient te dire,
Qu'un enfant malheureux
Depuis longtemps soupire,
Épris de tes yeux bleus;
Qu'il t'aime à la folie,
N'aspire qu'à te voir;
Que pour un mot d'espoir
Il donnerait sa vie.

Ton image la nuit
Sans cesse le poursuit;
Mais toujours solitaire
Il se sent consumer;
Il ne sait que t'aimer,
Que t'aimer et se taire!...

CRÉPUSCULE

> Enveloppées de la vapeur colorée qui s'exhale de tous les parfums, elles n'offrent aux yeux qu'une forme indécise et charmante qui semble prête à s'évanouir
>
> Ch. Nodier (Smarra).

Dans la brume du soir, au détour du chemin,

Elles avaient passé, les belles jeunes filles,

Elles avaient passé, se tenant par la main,

Et riant follement sous leurs noires mantilles.

Elles avaient passé sous les grands filaos
Comme la vision qui flotte dans un rêve ;
Leur joyeuse chanson jusqu'au fond des échos,
Sous le voile des nuits, que la brise soulève,
Allait se perdre au loin, en murmurant tout bas.
Leurs yeux étincelaient de plaisir et d'ivresse ;
Et le grillon chantait, et les fleurs sous leurs pas,
Baisant leurs beaux pieds nus, saluaient leur jeunesse.

Et moi, le cœur rempli d'extase et de bonheur :
« Où courez-vous si tard, ô belles jeunes filles ?
O fantômes charmants vers qui bondit mon cœur,
Où vous en allez-vous à travers les charmilles,
En chantant si gaîment à l'heure du repos ?
Oh ! si je ne suis pas le jouet d'un vain songe,

Emmenez-moi là-bas, vierges aux yeux si beaux !
Oh ! ne repoussez pas le désir qui me ronge ! »

Alors dardant sur moi l'éclair de leurs regards :
« N'entends-tu pas là-bas les sons de la musette,
Qui convie à la danse, avec les jeunes gars,
Les filles du pays, dont c'est ce soir la fête ?
C'est là que nous portons notre pas triomphant :
Car de beaux amoureux nous attendent sans doute.
Dis, avec nous là-bas, que veux-tu faire, enfant ?
Tu n'es pas homme encor, va, reste sur la route ! »

Et reprenant leur course et leur folle chanson,
Les trois vierges bientôt s'enfoncèrent dans l'ombre,

Me laissant tout pensif, assis sur le gazon,

Et plongeant pour les voir mes yeux dans la nuit sombre.

Quand donc! quand donc, mon Dieu! serai-je homme à mon tou

En se moquant de moi, les filles dans la plaine

Ne me laisseront plus!... Hélas! depuis ce jour,

De leur doux souvenir toute mon âme est pleine ;

Dans la brume du soir, au détour du chemin,

Je crois les voir passer, les belles jeunes filles ;

Je crois les voir passer en se donnant la main,

Et riant follement sous leurs noires mantilles.

LA-BAS

> Oh ! l'herbe épaisse où sont les morts
> V. Hugo

Amis, sous les grands filaos,
Au feuillage triste et sombre,
Au fond du bois rempli d'échos,
Amis, quelquefois, cherchant l'ombre,
Êtes-vous venus vers midi,
A l'heure où dans l'air attiédi

Le zéphyr vaguement frissonne,
Où l'insecte ailé qui bourdonne
Dans l'herbe au sommeil s'abandonne,
Au fond d'un calice engourdi ?

Amis, là-bas, bien loin du monde,
Bien loin de son bruit éternel,
Se cachant aux regards du ciel,
Plongé dans une paix profonde,
Je sais un endroit écarté,
Où jamais, par le vent porté,
Ne vient mourir l'écho d'un rire,
Où le feuillage qui soupire
Pleure sur l'herbe qui respire,
Où l'oiseau se tait attristé.

Sur un vieux banc couvert de mousse,
Pâle et pleurant sur son amour,
Une fleur tombe chaque jour
Sous le zéphyr qui la repousse
Dans un long et dernier baiser.
Quand on sent son cœur se briser,
Quand sous quelque peine secrète
Vers le sol on penche la tête,
Fuyant toute joie indiscrète,
Il est doux de s'y reposer.

Il est doux, quand la nuit pensive
Partout étend son voile noir ;
Lorsque dans la brume du soir
Le grillon de sa voix plaintive

Chante dans les gazons touffus;
Lorsque aucun bruit ne s'entend plus,
Il est doux, sur ce banc de pierre,
Écartant la ronce et le lierre,
De venir songer solitaire,
Tout plein de souvenirs confus.

Mais là, point de faune cynique
Qui vous regarde en ricanant,
Et dont on sente en frissonnant
Voltiger le souffle ironique.
Seulement un saule aux longs bras
Se penche en murmurant tout bas,
Tandis qu'au ciel la pâle lune,
Cette blanche sœur d'infortune,

En caressant sa tête brune,
Lui dit des mots qu'on n'entend pas.

Amis, c'est là, quand mon cœur saigne,
Que je reviens toujours le soir,
Sur ce banc en rêvant m'asseoir,
Sous ce saule, afin qu'il me plaigne.
Et là, seul avec lui la nuit,
Au loin n'entendant aucun bruit,
Penchés tous deux sous la souffrance,
N'ayant plus au cœur d'espérance,
Nous nous enivrons de silence,
Et rapide le temps s'enfuit...

O mes amis quand maigre et fausse
La mort un jour m'emportera,
Quand toute peine finira,
Sous ce vieux banc creusez ma fosse.
Auprès de mon saule éploré
Tranquille alors je dormirai,
La nuit, l'appelant à voix basse,
Je lui dirai si tout s'efface
Dans cette tombe qu'il embrasse ;
Joyeux, je le consolerai ?

PLAINTE DU MATIN

> *Jamque jugis summæ surgebat Lucifer Idæ*
> *Ducebatque diem...*
> VIRGILE.

LE ZÉPHYR DU MATIN.

Pourquoi, quand le matin la souriante Aurore
A son fidèle amant entr'ouvre son palais,
Le visage rougi par le sommeil encore;
Lorsque sous son regard tout joyeux je renais

Et passe en frissonnant sous ta croisée ouverte,
T'apportant les parfums embaumés du printemps ;
Pourquoi, mon doux poëte, est-elle donc déserte ?
Que fais-tu dans ton lit ? lève-toi ! je t'attends !

LE POETE.

Quelle est donc cette voix amie
Qui vient à travers le sommeil
Frapper mon oreille ravie ?
N'est-ce qu'un rayon de soleil
Qui me fait entr'ouvrir les yeux
En se jouant dans mes cheveux ?
Il me semblait, hélas ! c'était un rêve,
Il me semblait que cette voix
Qui du fond de la nuit s'élève
Etait bien celle qu'autrefois

Pour m'éveiller prenait ma mère
Lorsque j'étais petit enfant.
Je sentais sa lèvre si chère
Sur mon front poser doucement
Son doux baiser quotidien ;
Je croyais voir — divin mensonge —
Son bleu regard chercher le mien...
Mais, hélas! ce n'était qu'un songe
Qui promptement s'évanouit,
Comme au premier rayon, légère
S'enfuit la vapeur de la nuit.
Ce n'est pas la voix de ma mère...
Quoi! c'est toi, zéphyr du matin!
Bon zéphyr, passe ton chemin!

LA FLEUR DU BALCON.

Quoi ! déjà le soleil, de son orbite immense
A franchi le premier de ses douze degrés ;
Déjà sous son regard qui jusqu'à moi s'élance
J'ai rouvert lentement mes pétales nacrés,
Qui de la nuit en pleurs lui font sécher les larmes ;
Et tu n'es pas venu cueillir comme autrefois
La fleur qui pour toi seul conservait tous ses charmes
Et qui se réveillait aux doux sons de ta voix
Pour s'en aller mourir... tu le sais, ô poëte !
Tu laisses le zéphyr de son fade baiser
Souiller mon front si pur que ta voix inquiète,
Et l'infâme frelon tranquille se poser
Sur l'étamine d'or, et sucer mon calice
Dont la liqueur bientôt en cire durcira.

De ces profanateurs tu te fais le complice,

O poëte, et ton cœur bientôt en gémira.

Est-ce donc pour cela que Dieu me fit si belle

Et qu'il me pénétra d'un parfum enivrant?

Et n'est-il pas plus beau d'être un gage fidèle

Aux pieds de la beauté déposé par l'amant?

LE POETE.

Petite fleur qui te balances

Au souffle amoureux du zéphyr;

Petite fleur dont les souffrances

M'arrachent du cœur un soupir;

Tu te plains de ma longue absence

Et veux en savoir la raison;

Tu m'accuses de nonchalance,

De paresse et de trahison :

Demande à la blanche colombe
Qu'abandonne un frère oublieux,
Pourquoi son nid semble une tombe,
Pourquoi tout attriste ses yeux!
Pourquoi se tait son doux ramage,
Et seule, le jour en son nid,
De son bec lissant son plumage,
Muette, elle attend après lui!

LA FLEUR.

Et pourquoi ces soupirs qu'à travers la croisée,
J'entends sortir la nuit de ton âme oppressée?

LE POETE.

Ah! demande au cerf altéré
Pourquoi, seul, dans les bois il brame

Quand trop loin il s'est égaré !
Fleur, ainsi soupire mon âme.

Demande au zéphyr qui, le soir,
Soupire en attendant l'aurore,
Ce que lui fait son manteau noir !
Fleur, ainsi je soupire encore.

LA FLEUR.

Et ces accents plaintifs que ta harpe souvent
Jette à l'air qui gémit et qu'apporte le vent ?

LE POETE.

Demande à l'amant d'Eurydice
Pourquoi sur l'Hœmus il chantait,

Lorsque l'infernale justice
Lui ravit celle qu'il aimait;

Pourquoi du fils de Calliope
La lyre pleurait sous ses doigts,
Et sous les arbres de Rhodope
Attirait les hôtes des bois.

Ainsi que lui, pauvre fleurette,
J'ai perdu celle que j'aimais.
Pour moi la nature est muette;
Aux pleurs livrons-nous désormais.

L'immense Océan nous sépare ;
Que ne puis-je aller la chercher !
Mais en vain ma raison s'égare,
Comment à mon sort l'attacher ?

J'ai le cœur et l'amour d'Orphée,
Mais, hélas ! je n'ai pas sa voix.
Sa lyre, aux muses arrachées,
Ne vibrera pas sous mes doigts.
Et cependant, m'armant d'audace,
Je chante un amour immortel.
Par les chants la douleur s'efface ;
Mais un chant n'est pas éternel !...

Hélas! ma lyre qui pleure
N'a que des sons mal assurés;
Et jamais la main qui l'effleure
N'en tira des chants inspirés.
Mais toi seule m'entends, pauvrette,
La tourmenter de temps en temps;
Un seul nom en sort, tu l'entends;
Petite fleur, sois bien discrète.

Il n'est plus de bonheur pour moi;
Il n'en est plus pour toi, petite;
De chagrin mon âme palpite,
Pauvre fleur, quand je pense à toi.

Adieu, je n'irai plus te cueillir, vierge encore
De l'amour du zéphyr qui t'offre son baiser ;
Je n'irai plus jamais, quand s'éveille l'aurore,
Au bord de sa fenêtre en tremblant te poser.

UN OISEAU SUR LE BALCON.

Déjà depuis longtemps, ô paresseux poëte,
Je m'ennuie à t'attendre, et pour te réveiller
J'ai cent fois au soleil chanté l'hymne de fête.
Pourquoi quand tout renaît veux-tu seul sommeiller ?
Regarde, le soleil de son baiser immense
Enveloppe la terre et la fait tressaillir ;
La nuit sous son regard emportant le silence,
Honteuse, s'est enfuie en poussant un soupir.

8.

Jamais un ciel plus pur n'a d'un jour plus splendide
A l'homme émerveillé promis l'heureux retour;
Tout boit la volupté, tout frissonne d'amour;
N'as-tu rien dans le cœur? ton âme est-elle vide?

LE POETE.

Ingrat! Toi même as-tu le cœur
De porter ton toast à l'aurore?
De son immortelle candeur
Peux-tu te réjouir encore,
Debout sur l'appui d'un balcon
Ou sur le toit d'une maison?
Toi, fait pour voler plein d'audace,
Du sein d'une forêt t'élançant dans l'espace!

As-tu donc oublié ton nid,
Que le vent de sa tiède haleine
Doucement balançait sous lui?
Tes amis et ta verte plaine,
Où tu volais sur le troupeau?
Ta compagne et ton clair ruisseau,
Tes chants et ton discret feuillage?
Que te reste-t-il donc des plaisirs du jeune âge?

L'OISEAU.

Il faut changer sans cesse et partout voir le beau;
Un bonheur nous vient-il, cherchons-en un nouveau!

LE POETE.

Non! moi, pour oublier si vite,
Je n'ai pas ton cœur inconstant;

Sous le souvenir qui l'agite,
Mon âme pleure à chaque instant,
Comme une fleur dans les champs née,
S'étiole et tombe fanée
Dans une serre, entre des murs.
Les bonheurs de l'enfance, hélas! sont les plus purs!

Où sont mon ciel et ma patrie,
Mon beau ciel toujours calme et pur,
Ma patrie adorée et sa plage chérie
Où mugissent des flots étincelants d'azur?
C'est l'heure où j'allais, plein d'ivresse,
Sur la grève errer à pas lents,
Laissant le vent de la jeunesse
Emporter mes rêves charmants.

L'heure où j'allais m'asseoir sur le roc dans la brume,
Où chaque flot venait, dans sa vaine fureur,
Nous couvrir à son tour de fumée et d'écume.
Et moi, les yeux fixés à l'horizon, songeur,
    Je regardais passer rapide,
    Comme suspendu dans les cieux,
    Un vaisseau fier et gracieux,
    Qui s'enfuyait dans l'air humide,
    Disparaissant comme l'espoir,
    Qui naît vite et vite s'envole.
Et vers son but lointain, moi, suivant ce point noir,
De pays en pays j'arrivais jusqu'au pôle...
    Oh! qui me rendra mon beau ciel,
    Avec son sourire éternel!

Où sont mes sublimes montagnes,
Avec leurs sommets nuageux?
Où sont, luisant à l'œil, mes immenses campagnes
Avec leur verte écaille et leurs chemins poudreux?
Où sont mes futaies orgueilleuses
Où, dans le silence des bois,
Dès le matin, toutes joyeuses,
Des arbres chantaient mille voix,
Quand je venais cacher sous leur épais ombrage,
Mes rêves enfantins de bonheur et d'amour?
Et ces petits oiseaux à l'éclatant plumage,
Interrompant alors leurs chansons tour à tour,
Semblaient se moquer de mon rêve,
Tandis que le ruisseau voisin,
Murmurant sa plainte sans fin,
Qui dans le silence s'élève,

Paraissait me prendre en pitié.
Où sont tous ces sombres bocages,
Que pour l'épanchement choisissait l'amitié?...
Tous ces jours sont passés!... sont venus d'autres âges!
Oh! qui me rendra mon beau ciel
Avec son sourire éternel.

NOX HUMIDA COELO

> Couronnés de thym et de marjolaine,
> Les elfes joyeux dansent dans la plaine.
> **LE COMTE DE LISLE.**

LE GRILLON.

Passant, passant, joyeux passant !

A l'horizon monte la lune ;

Dans l'air la chauve-souris brune

Là-bas voltige en frémissant ;

Où t'en vas-tu si tard en chantant dans la plaine,
Beau voyageur joyeux que poursuit le phalène?

Déjà descend la nuit,
Et tout bruit,
Au loin, du crépuscule sombre
Meurt dans l'ombre;
Tu perdras ton chemin,
Et demain
Dans le bois tu seras encore
A l'aurore.

Viens t'asseoir près de moi
Sans effroi,

Et là, prête l'oreille, écoute
Sur la route,
Couché sur le gazon.
La chanson
Que je chante au zéphyr qui passe
Dans l'espace.

Viens ! doucement bercé,
Balancé
Par le chant triste et monotone
Que j'entonne,
Jusqu'au jour dormiras,
Rêveras,
Dans un sommeil calme et tranquille,
Immobile.

Passant, passant, joyeux passant!
A l'horizon monte la lune;
Dans l'air la chauve-souris brune
Là-bas voltige en frémissant;
Beau voyageur joyeux que poursuit le phalène,
Où t'en vas-tu si tard en chantant dans la plaine?

LE VOYAGEUR.

Grillon, grillon, petit grillon,
De ta chanson je n'ai que faire;
Va! tu peux chanter solitaire
Toute la nuit dans le sillon.
C'est l'amour qui me guide, et vers ma bien-aimée
Je vais tout plein d'espoir dans la nuit embaumée.

LES SYLPHES.

Toi qui passes là-bas dans la brume du soir,
Où t'en vas-tu si tard, rêvant sous le ciel noir?

    Oh! sur la pelouse assombrie
    Viens plutôt danser avec nous,
    Et laissant là ta rêverie,
    Viens reposer sur nos genoux !
    Veux-tu? Quand la nuit est si belle,
    Quand luit la lune au front des cieux.
    Il est doux, déployant son aile,
    De suivre le zéphyr joyeux!

Là-bas, dans la forêt voisine,
Rôdent des esprits malfaisants
Dont l'humeur jalouse et chagrine
S'attaque toujours aux passants.
Crois-nous! si tu poursuis ta route,
Dans leurs piéges tu tomberas;
Sous leurs maléfices sans doute,
Pleurant en vain, tu périras.

Viens! avec nous sur les prairies,
Tu fouleras le vert gazon,
Et couronné d'herbes fleuries,
Chacun dira quelque chanson,
Jusqu'à l'heure où la pâle aurore
Avec le brouillard chassera

Tout notre essaim, qui s'en ira
Plus loin gaîment danser encore.
Où t'en vas-tu si tard, rêvant sous le ciel noir,
Toi qui passes là-bas dans la brume du soir?

LE VOYAGEUR.

Dansez, dansez, sylphes aimables,
Du gazon foulé sous vos pas
Couronnez vos fronts adorables;
Vos chansons ne m'émeuvent pas!
Je préfère à ma lèvre un baiser de ma belle;
Je préfère, à genoux, mes deux bras autour d'elle.

LES WILLIS.

O jeune adolescent, qui ne crains pas, la nuit,
De réveiller le bois où s'éteignait tout bruit,

Aux rayons de la lune, aux pieds de ce vieux chêne,
Veux-tu baigner ton corps dans la noire fontaine?
Veux-tu, tandis qu'au loin tout se tait et s'endort,
Folâtrer avec nous, étendus sur le bord,
    Baignant nos pieds dans l'onde?
Ou bien, nous élançant dans le cristal obscur,
Faire en chantant tout bas, dans un reflet d'azur,
    Tournoyer notre ronde?

Viens! de baisers ardents nous couvrirons ton front;
Enlacé dans nos bras, sur le gouffre sans fond,
    Comme une ombre légère
Tu glisseras, jetant l'onde en perles d'argent,
Laissant battre nos cœurs sur ton sein palpitant,
    Dans la nuit solitaire.

Viens, jeune adolescent, tu seras notre roi !
D'un feu toujours nouveau nous brûlerons pour toi ;
  Et lorsque blanchissante,
L'aube au loin dardera ses pâles rayons d'or,
Avec toi nous fuirons, en t'embrassant encor,
  Dans l'onde frémissante.

O jeune homme imprudent, qui ne crains pas, la nuit
De réveiller le bois où s'éteignait tout bruit,
Aux rayons de la lune, aux pieds de ce vieux chêne,
Veux-tu baigner ton corps dans la noire fontaine ?

LE VOYAGEUR.

Pâles willis, belles nymphes des bois,
 Vous avez beau de vos plus douces voix

A vos plaisirs pleins d'ombre et de silence
Me convier dans l'air qui se balance,
Vers l'étoile d'amour qui scintille là-bas,
Sans m'arrêter j'irai, je presserai mes pas.

LE FEU FOLLET.

Tu n'iras pas plus loin au rendez-vous nocturne,
Rêvant tout plein d'espoir dans la nuit taciturne.

Je ne suis pas l'étoile d'or
Qui, pendant qu'au loin tout s'endort
  Sur la terre,
Pensive au front des cieux poursuit
Son beau rêve, toute la nuit,
  Solitaire.

Je ne suis pas, brillant d'espoir,
Le flambeau d'amour qui le soir
   Étincelle
Et conduit le joyeux amant
A travers l'ombre doucement
   Vers sa belle.

Je suis l'esprit follet des nuits,
Qui toujours m'approche et m'enfuis,
   Cours sans cesse,
Et berce d'un espoir trompeur
Le passant, qui bientôt a peur
   Et se presse.

Il se presse, et dans le torrent,
Loin du gué, pestant et jurant,
Il s'enfonce...
Et l'onde l'entraîne en grondant,
Puis laisse au matin l'imprudent
Sous la ronce...

Dans la profonde nuit, rêvant tout plein d'espoir,
Tu n'iras plus jamais au rendez-vous le soir!

LE FEU DU CIEL

Quand le fier Prométhée eut, dans son vol sublime,
Ravi l'un des rayons du grand soleil des dieux ;
Pour donner à son fils un regard radieux,
Quand il eut d'un seul bond franchi l'immense abîme,

L'Olympe, renversé sous son bras magnanime,
Sur un rocher désert le cloua sous les cieux ;
Et lui, livra son flanc au vautour furieux,
De sa gloire immortelle immortelle victime.

Ainsi, quand t'élançant dans l'espace éthéré,
O poëte, ton front s'emplit du feu sacré ;
Quand ton vers resplendit de la divine flamme,

Le vautour du travail fouille ton large flanc ;
Sous ton génie altier qui te tient tout tremblant,
Au supplice éternel il faut livrer ton âme !

VŒUX DU CRÉPUSCULE

> Entre nos cœurs tant de distance !
> Tant d'espace entre nos baisers
> Ô sort amer! ô dure absence
> Ô grands désirs inapaisés!
> TH. GAUTIER.

Oh! pourquoi, lorsque vient le soir,
Mon cœur s'emplit-il de tristesse?
Pourquoi, quand dans son bleu miroir
Le soleil plonge avec ivresse.

Pensif, suis-je prêt à pleurer?
Quand je vois le ciel s'empourprer,
Pourquoi voudrais-je avoir des ailes,
Et fuyant les noires tourelles,
Suivre le nuage aux flancs grêles
Que l'horizon aime à dorer?

Pourquoi voudrais-je être la brise
Qui passe en frissonnant d'amour,
Et poursuit sur la fin du jour
Le goëland sur la mer grise?
Pourquoi voudrais-je en murmurant,
Comme la plainte d'un mourant,
M'enfuir loin du sombre rivage.
Pour aller sur une autre plage

Glisser à travers le feuillage,
La nuit, sous son voile odorant?

Pourquoi voudrais-je être hirondelle,
Et, rasant le gazon fleuri,
Écouter dans l'air assombri
Doucement palpiter mon aile,
Pendant que chante le grillon ;
Puis voltiger en tourbillon,
Puis, loin de la verte prairie,
Me berçant de ma rêverie,
Gagner ma retraite chérie
Bien loin, là-bas dans le sillon?

Pourquoi voudrais-je être l'étoile
Qui brille aux cieux, l'espoir au front,
Regardant dans la nuit sans fond,
Rêveuse, au travers de son voile?
Et qui, se penchant un moment
Sur le bord du noir firmament,
Comme par un charme attirée,
Ainsi qu'une perle nacrée,
Tombe dans la brume éthérée
Où l'attend son fidèle amant?

C'est que vers toi, ma bien-aimée,
Je voudrais m'élancer joyeux;
C'est que je voudrais dans les yeux,
Buvant ton haleine embaumée,

Longtemps sonder l'azur du ciel,
Si je voudrais être Ariel,
C'est qu'à l'heure de la souffrance
J'ai besoin d'un peu d'espérance;
C'est que je gémis dans l'absence
Après ton sourire de miel !

MORTALIS HOMO, NON MEMORIA

Il est parti! Le ciel l'a repris, ce vieillard
Dont sous le front si beau brillait le doux regard ;
Qui marchait l'œil aux cieux, ne demandant au monde
Que de revoir encor son enfant bien-aimé ;

Qui chaque jour sondait, de crainte consumé,
L'horizon de la mer profonde.

Comme le vieux Jacob pleurant son Bénjamin
Au sein de sa famille, il lui tendait la main
A travers l'Océan, qui restait toujours vide ;
Sous les grands filaos au murmure plaintif
Il passait lentement, courbant son front pensif
Au vent de l'espérance avide.

Hélas ! le Dieu qui jette une proie au trépas,
Malgré tous nos sanglots ne nous le rendra pas.
Le vieux chêne si beau qu'il frappe de la foudre
Ne revoit plus jamais son feuillage verdir ;

Et son front que de loin on voyait resplendir.
  A jamais tourbillonne en poudre.

Et que nous reste-t-il à nous qui le pleurons?
De lui que reste-t-il à nous qui demeurons?
Ce qu'il reste le soir des rayons de l'aurore;
Ce qu'il reste au matin des rêves de la nuit;
Ce qu'il reste dans l'air de l'oiseau qui s'enfuit;
  Ce qu'il reste d'un bruit sonore;

Ce qu'il reste sur mer du vaisseau disparu;
De l'astre d'or qui file, un moment entrevu;
Ce qu'il reste au couchant du nuage qui passe;
Ce qu'il reste à la fleur des baisers du zéphyr;

Ce qu'il reste sur terre après chaque plaisir...
Un souvenir que rien n'efface.

VOIX DANS LA BRISE

> Alors vous paraissez....
> Un sourire à la bouche, un rayon dans les yeux.
> TH. GAUTIER.

Quand le matin joyeux aux rayons de l'aurore

Frissonne, humide encor des larmes de la nuit;

Quand son aile d'azur, qui d'un rayon se dore,

Palpite doucement sous le brouillard qui fuit;

Quand toute la nature à ta chaste fenêtre

Chante son hymne immense au Seigneur tout-puissant,

Et que, pleine d'amour, la fleur qui vient de naître,
Sous son premier baiser se courbe en frémissant;
Quand dans cet air si pur tu viens, ma bien-aimée,
Baigner ton front charmant qu'a pâli le sommeil,
Et mêler aux parfums ton haleine embaumée,
Laissant tes longs cheveux folâtrer au soleil;
Oh! dis-moi, belle enfant, ce qui te fait sourire,
Ce qui fait lentement rêver tes yeux si doux.
Que te dit en passant la brise qui soupire,
La fleur qui devant toi sent plier ses genoux,
Les oiseaux qui, ravis, chantent dans le feuillage?
Et dans son vol aux cieux que te dit le nuage?

Oh! sans doute il te dit, ce zéphyr caressant,
Que l'univers entier sent tressaillir son âme

Lorsque sur lui se penche un regard innocent,
Un regard où du ciel il voit briller la flamme;
Que toute la nature, en frissonnant d'amour,
Adore à deux genoux la beauté souveraine,
Et que ses mille voix, sous les rayons du jour,
Entonnent l'hosanna des grâces de sa reine;
Et, te baisant au front en murmurant tout bas,
Sans doute elle te dit, cette brise légère,
Que tout passe ici-bas dans un règne éphémère;
Que tout s'éteint et meurt dans un commun trépas;
Mais que, fille du ciel, comme un beau météore,
La beauté seule y monte et là-haut brille encore.
Alors, te sentant belle, insouciante enfant,
Tu souris en levant ton beau front triomphant.
Sans doute, cette fleur qui gaîment se balance
Sous les propos d'amour du zéphyr inconstant,

Sans doute elle te dit que la fleur d'espérance
Sur notre terre, hélas! ne brille qu'un instant;
Qu'aux perfides amants il faut fermer l'oreille;
Qu'il faut, tournant au ciel ton âme qui s'éveille,
A quelque séraphin offrir l'or de ton cœur.
Sans doute elle te dit que parmi les plus belles
Tu rayonnes le soir dans le bal enchanteur;
Et qu'elle voudrait bien, sous les flots de dentelles,
Ce soir aller briller et mourir sur ton sein;
Que pour ce doux tombeau, toute fière et joyeuse,
Elle renoncerait à ce brillant essaim
De beaux frelons nacrés dont elle est orgueilleuse.
Alors en souriant tu cueilles de ta main
La pauvre fleur heureuse, et qui mourra demain.
Ils te disent sans doute à travers le branchage,
Ces roses bengalis qui bénissent le jour,

Ils te disent sans doute, en leur joyeux ramage,
Que ton front gracieux a l'âge de l'amour;
Qu'il est temps de laisser dans sa secrète ivresse
S'ouvrir ton cœur candide aux beaux rêves dorés;
Qu'il faut laisser s'ouvrir les pétales nacrés
Sur l'étamine d'or du lis de ta jeunesse;
Ils te disent sans doute, en t'admirant de loin,
Qu'ici-bas il nous faut aimer pour qu'on nous aime;
Qu'il faut un peu souffrir, et qu'il faut avoir soin
De s'épargner plus tard quelque douleur extrême;
Qu'il ne faut pas toujours au ciel prendre l'essor;
Que Dieu créa la fleur pour être respirée.
Alors, en souriant, tu dis : « L'étoile d'or
Ne brille au front des cieux que pour être adorée ! »
Mais vois! triste et léger, aux bords de l'horizon
Un nuage soudain s'élance de la brume,

11.

Et se dore un moment sous un joyeux rayon.
Demande-lui pourquoi, le front plein d'amertume,
Lentement il chemine et semble au loin songer.
Il te dira : « Je viens d'une plage lointaine;
De la terre d'exil vers toi, beau messager,
Je viens; — là-bas, j'ai vu, de ton image pleine,
Une âme qui gémit et soupire après toi.
A travers l'Océan, dans la vaine prière,
Là-bas j'ai vu quelqu'un qui, sur la froide pierre,
Vers toi tendait les mains, et ton nom jusqu'à moi
Dans un sanglot d'amour a traversé l'espace.
Pour te le répéter, vers toi j'accours, hélas! »
Oh! s'il te dit cela, que ton rire s'efface!
S'il te jette mon nom, enfant, ne souris pas!

BALLADE

LE BARDE

> Il est mort et disparu, dame;
> Il est mort et disparu.
> SHAKSPEARE.

C'est fête au vieux donjon
 Du baron,
Et dans la grande salle,
 Sur la dalle,

Des brillants chevaliers les lourds éperons d'or
Retentissent;
Écuyers et varlets, dans le long corridor,
Qu'ils remplissent,
Passent, portant chacun quelques splendides plats
Du repas
Qui fait ployer la table
Admirable.
Voici les deux époux !
A genoux !
Beaux chevaliers, devant la noble châtelaine,
Dame Irène.
Buvez à sa beauté, buvez à son amour
Tout le jour.

Le soir, après la fête,

Sur le faîte

De la plus vieille tour,

Tout autour,

Ceux qui ne dormaient pas virent dans la nuit noire,

Sans y croire,

Se promener une ombre à travers les créneaux.

Des corbeaux,

Ils l'entendaient du moins, croassant sur sa tête.

La suivaient.

Devant l'aile discrète

Où dormaient

Le baron et sa femme,

Noble dame,

L'ombre alors s'arrêta; puis sa voix, dans la nuit

Le seul bruit :

« Goûtez, heureux époux, l'amour et la jeunesse.

Folle ivresse !

« Moi, barde abandonné,

Condamné

A souffrir et me taire,

Solitaire,

Dans cette sombre nuit je viens pour vous bénir

Et mourir ;

Car je vous aime, hélas ! ô belle châtelaine

Inhumaine.

Moi qui chantais jadis la guerre et les amours

Tous les jours,

Je n'ai pu, sans délire,

Sur ma lyre

Oser peindre un moment
Mon tourment;
Mais dans vos beaux yeux bleus j'ai vu briller sévère
La colère;
Et je partis, pleurant et chantant mon amour
Tout le jour.

Seul avec ma souffrance,
En silence,
Je suivais mon chemin,
Et ma main
Se promenait sans but sur ma lyre qui m'aime
D'elle-même.
J'ai vu bien des palais, j'ai vu bien des châteaux,
Et fort beaux;

J'ai chanté bien des fois devant la châtelaine

Du domaine,

Sans que jamais ses yeux,

Noirs ou bleus,

Ni ses cheveux d'ébène,

Belle Irène,

M'aient pu faire oublier vos yeux ni vos cheveux

Si soyeux.

Goûtez, heureux époux, l'amour et la jeunesse,

Folle ivresse !

« Ma cruelle douleur

Et mon cœur,

Après deux ans d'absence

De silence

M'ont ramené vers vous, vous que toujours j'aimais ;
Mais jamais
Vous n'avez de mon nom conservé la mémoire,
Ni pu croire
A mon sincère amour, à ma fidélité.
La beauté
Que j'aime, ô destinée !
L'hyménée
La cueille aujourd'hui.
C'est pour lui
Son beau corps, et sa lèvre à ses lèvres unie.
O folie !
Dormez, heureux époux, à vous seuls les amours,
Les beaux jours ! »

Alors dans la nuit sombre
On vit l'ombre
Sur les créneaux monter,
S'arrêter.
Des sanglots effrayants, des plaintes oppressées,
Insensées,
Sortaient de sa poitrine, et remplissaient la nuit
De leur bruit.
Un nom de temps en temps s'échappait de sa bouche ;
Puis, farouche,
Il se dressa debout ;
Et partout
Il promena dans l'ombre
Son œil sombre,
Muet ; puis quand minuit à l'horloge sonna,
Frissonna ;

Puis aux pieds de la tour un corps tomba dans l'onde,
Si profonde!

Depuis, au vieux donjon
Du baron,
Chaque fois qu'une fête
Qui s'apprête
Annonce aux chevaliers, aux preux des environs,
Aux barons,
Que le jeune seigneur conduit sa bien-aimée
Parfumée
A l'autel du château; lorsque la nuit descend,
On entend
Un chant mélancolique
Et magique

Sur la plus vieille tour,
Tout autour.
Puis, à minuit, dans l'eau tombe un corps invisible.
Et terrible
Une voix retentit : « A vous seuls les amours,
Les beaux jours ! »

LA VALSE DE WEBER

> Elle se mouvait si divinement, que je croyais
> voir un bel astre, et tout cela avec un sourire
> comme une fée qui va s'envoler.
> A. DE MUSSET.

Nous tournions tous les deux dans la valse enchantée ;
Votre sein sur mon cœur palpitait doucement,
Et mon âme flottait, par un souffle emportée,
Tandis que de Weber le doux gémissement
M'enivrait de bonheur et de mélancolie ; —
Je vous parlais tout bas d'un amour infini...

Et vous me répondiez : « Chassez cette folie !
Enfant, c'était un rêve, et le songe est fini ! »

Je buvais en tremblant votre haleine embaumée ;
Je vous parlais d'espoir en mon cœur caressé ;
Je vous parlais de vous, ô mon unique aimée !
Et les soupirs plaintifs de mon cœur oppressé,
Avec les flots divins de la triste harmonie,
Montaient vers l'Éternel à travers l'infini...
Et vous me répondiez : « Chassez cette folie !
Enfant, c'était un rêve, et le songe est fini ! »

Je tenais votre main dans ma main frémissante ;
Je vous disais les maux que l'on aime à souffrir,

Et les vœux insensés d'une douleur naissante;
Je disais qu'à vos pieds j'aurais voulu mourir;
Qu'un regard de vos yeux était toute ma vie;
Et je vous appelais de votre nom béni...
Et vous me répondiez : « Chassez cette folie!
Enfant, c'était un rêve, et le songe est fini! »

Vos cheveux frissonnaient sur ma joue enflammée;
J'implorais un aveu que j'attendais en vain;
Et passant près de nous, la brise parfumée
N'emportait rien, hélas! que mes plaintes sans fin.
Et quand ma main quitta votre main si jolie,
Un pli passa soudain sur votre front uni;
Vous répondiez toujours : « Chassez cette folie!
Enfant, c'était un rêve, et le songe est fini! »

Oui, le songe est fini, puisque seul je vous aime;
Oui, j'étais fou, madame, et vous aviez raison.
Le monde nous sépare; et ce bonheur suprême
De franchir avec vous le divin horizon
N'était pas fait pour moi : pardonnez ma démence!
Mais depuis cette nuit, non, mon cœur n'est pas mort;
Chaque soir pour moi seul la valse recommence;
Oui, le songe est fini, mais moi je rêve encor!...

A MON AMI E. B.

APRÈS SA VISITE AU PROSCRIT DE GUERNESEY

> Qui donc lui dit alors qu'il faut quitter la terre
> Et sauter dans le ciel déployé devant lui ?
> A. DE MUSSET.

Le jeune aiglon, pensif en son nid solitaire,
Après avoir en vain promené sur la terre
Son regard plein d'audace où brille un feu divin;
Après avoir longtemps, dans ces plaines sans fin,

Cherché quelque sommet, quelque cime sublime

D'où son œil orgueilleux pût mesurer l'abîme,

Relève alors la tête et, regardant le ciel,

Dans ces champs si profonds suit le vol paternel.

Soudain le roi des cieux, dans sa splendeur immense,

Arrête son regard où mourait l'espérance,

Arrête son regard, mais ne l'éblouit pas.

Il sent que ce soleil qui rayonne là-bas

Est le but qu'il cherchait. — Dès lors, calme, tranquille,

De loin il le contemple, et son œil immobile

Renvoie à l'astre-roi les rayons qu'il reçoit.

Là, la gloire l'attend, il le croit, il le voit.

Mais lorsque tout le jour dans sa noble carrière

Il l'a suivi des yeux, ignorant qu'en arrière

Son ombre s'allongeait; lorsqu'il voit dans les mers,

Comme un roi désarmé qu'on plonge dans les fers,

Descendre tristement son dieu rouge de honte,
La colère soudain à la tête lui monte;
Et quand l'astre tombé, des bords de l'horizon,
Comme un dernier appel, jette un dernier rayon,
Un éclair de fureur jaillit de ses prunelles;
Se dressant sur ses pieds, il ouvre alors ses ailes,
Et comme un trait de feu s'élançant dans les airs,
Pour le revoir encore il traverse les mers...

Qui peut savoir, hélas! ce qu'à l'aiglon timide
A dit le dieu vaincu dans son cachot humide?
Mais l'aiglon revient aigle, et dans le ciel a foi :
Quand il rentre en son aire, à son tour il est roi!

PLEURS ET SOURIRES

> Hélas! laissez les pleurs couler de ma paupière!
> VICTOR HUGO.

LA MUSE.

Le front dans tes deux mains que fais-tu, mon poëte?
Quel noir penser t'agite et te fait soupirer?
Tu fléchis sous le poids d'une douleur secrète,
Et tes yeux, pauvre ami, sont tout près de pleurer.

Pourquoi me repousser? Ne suis-je plus ta muse,
Ta muse à qui tu dis les secrets de ton cœur?
Par quelque chant nouveau faut-il que je t'amuse?
Oh! rouvre-moi les bras, enfant, je suis ta sœur!

LE POETE.

Non! laisse-moi pleurer, ô ma muse fidèle!
Laisse-moi de mon âme écouter en rêvant
Sous la sombre douleur les frémissements d'aile;
Sur le frêle arbrisseau laisse souffler le vent.
Dans l'abîme sans fond de ma sombre pensée
Laisse passer l'orage, et tomber tristement
Ces larmes goutte à goutte, ô ma belle insensée!
De ta folle gaîté je souffre amèrement.

LA MUSE.

Viens! chasse ton chagrin, poëte solitaire.
La douleur n'est qu'un songe; et puisque avec le temps
Elle finit un jour, pourquoi nous y complaire?
Vois! là-bas sous le ciel s'ébat l'heureux printemps;
N'entends-tu pas les sons de la flûte champêtre,
Et la danse bondir sur les gazons fleuris?
N'entends-tu pas gaîment chanter sous ta fenêtre,
Dans le feuillage épais, les oiseaux attendris?

LE POETE.

Non. — J'entends de mon cœur le battement pénible;
Dehors, sur le pavé, j'entends pleurer la nuit;

J'entends le vent d'hiver, à la vitre, terrible.
Hurler comme un damné qu'un archange poursuit :
Et j'entends par moment, sur la dalle sonore,
Le pas retentissant du passant attardé.
Oui, tu veux me séduire et m'abuser encore,
O muse! mais ce soir je vois ton front fardé.

LA MUSE.

N'entends-tu pas des cieux les harpes éternelles
Au Seigneur tout-puissant chanter l'hymne d'amour?
N'entend-tu pas la terre à ces voix immortelles
Mêler tous ses concerts sous les rayons du jour?
Ne vois-tu pas dans l'air passer les beaux archanges
Laissant au vent là-bas flotter leurs robes d'or,

Et le ciel se remplir de visions étranges?
Ne vois-tu rien, poëte, et te trompé-je encor?

LE POETE.

J'entends sur les toits noirs gémir la girouette.
Et bruire la grêle en sauts rebondissants;
J'entends au vieux clocher le cri de la chouette.
Et du cadran de fer les coups retentissants.
Sous les nuages gris, je vois, toute peureuse,
La lune se glisser et fuir à l'horizon.
O muse, laisse là ta rêverie heureuse,
Dans mes tristes pensers, moi, je suis en prison!

LA MUSE.

Ne vois-tu pas, ami, la rêveuse hirondelle,
Légère, s'envoler vers les pays lointains.

Vers le pays d'azur où l'amour est fidèle,
Où croît le vert gazon vierge de pas humains?
Ne vois-tu pas au ciel passer le blanc nuage
Que le zéphyr conduit au pays enchanté?
Vois-tu ce beau vaisseau s'éloigner du rivage?
Veux-tu t'enfuir comme eux, par le vent emporté?

LE POETE.

J'ai vu passer ce soir, fuyant devant l'orage,
Les oiseaux effrayés, qui regagnaient leurs nids;
J'ai vu la vague sombre écumer au rivage,
Et les pâles nochers, sous le péril unis,
Revenir en tremblant au port, leur seul asile.
Et moi, comme eux fuyant les éclairs et le bruit,
Pendant qu'autour de moi s'endort toute la ville,
A mon amour fatal je pense dans la nuit.

LA MUSE.

Dis, — veux-tu t'en venir dans les grands bois pleins d'ombre,
Où la rosée encore argente le gazon?
Veux-tu venir rêver sous le feuillage sombre
Où le gai rossignol jette au vent sa chanson?
Veux-tu d'un pied léger venir à la fontaine,
Voir dormir la dryade au soleil, sur le bord?
Ou bien veux-tu courir avec moi dans la plaine,
Éveillant le frelon qui sur les fleurs s'endort?

LE POETE.

Je veux toute la nuit m'abreuver d'amertume;
Je veux ouvrir mon cœur au large désespoir.
Je veux voir repasser, comme à travers la brume,
La blanche vision qui flotte vers le soir,

Le fantôme adoré de ma longue insomnie,
Le bel ange aux yeux bleus que j'aime en insensé.
Je veux lui répéter ma douleur infinie ;
Je veux de mon amour le couvrir encensé.

LA MUSE.

Puisqu'on ne t'aime pas, ô mon pauvre poëte !
Viens dans mes bras, fuyons vers la terre d'amour,
La terre tant rêvée où tout est joie et fête :
Fuyons au beau pays où la nuit et le jour
Sous les baisers brûlants tressaillent pleins d'ivresse ;
Où l'oranger jamais ne voit son fruit vieilli,
Où la volupté rit à la folle jeunesse ;
Fuyons au pays d'or, au pays de l'oubli !

LE POETE.

Non! j'aime mieux rester au pays où l'on souffre;
Au pays plein de brume où rugit la douleur;
Où l'on se sent, la nuit, tournoyer dans le gouffre;
Où le vautour sanglant nous dévore le cœur.

J'aime mieux le pays où la source est tarie;
Le pays où jamais la colombe ne vient;
Où l'on garde en son âme une image chérie;
Le grand désert aride où l'on se ressouvient.

LA LUNE

> Reveillez-vous, petits génies,
> Petits gnomes, réveillez-vous.
> A. KARR.

De la gothique cathédrale
Les cloches ont sonné minuit;
A la clarté de mon front pâle,
Vous qui ne vivez que la nuit,

Allons, éveillez-vous sans bruit !
Ne craignez rien : la paix profonde
S'étend sur la moitié du monde :
Tout dort, et la vague qui gronde
Veille seule, et parle tout bas
Au zéphyr qui passe là-bas.

Éveillez-vous dans la prairie,
Elfes légers, sylphes joyeux ;
Vous couronnant d'herbe fleurie,
Voltigez gaîment sous les cieux,
Balançant vos corps gracieux.
Au fond des bois, dans les fontaines,
Tournoyez, willis, les mains pleines
De bluets et de marjolaines ;

Beaux rêves qu'on ne peut saisir,
Allons, c'est l'heure du plaisir !

Quittez, ô morts, vos lits de pierre ;
Allez-vous-en dans vos linceuls,
Sous les saules du cimetière,
Là-bas vous promener tout seuls.
Vous qui souffrez dans vos cercueils,
Allez rêver, maigres squelettes,
Allez, pleins d'angoisses secrètes,
Autour de vos tombes muettes,
Regretter l'éclat des beaux jours,
Pleurer vos premières amours.

Éveillez-vous dans la nuit noire,
Grands et superbes conquérants;
Éveillez-vous dans votre gloire,
Vous tous, empereurs et tyrans;
Disputez-vous encor vos rangs;
Voyez, dans cette plaine immense,
Au loin, personne à vous ne pense;
Oh! pour vous quelle indifférence!
Quel oubli! Grands ambitieux
Qui vouliez être appelés dieux!

Hop! hop! venez sur la pelouse,
Vieilles sorcières, au sabbat;
Engeance maudite et jalouse,
Accourez prendre votre ébat,

Comme un vol d'oiseaux qui s'abat
Sur quelque cadavre livide :
Et sous votre ronde rapide,
De la rosée encore humide,
Le gazon bientôt, sous vos pas,
Séchera pour jamais, hélas !

Allons, vivez, esprits nocturnes ;
Dansez, jouez jusqu'au matin.
A moi les rêves taciturnes
Et le solitaire chemin ;
A moi le voyage sans fin.
A mon cœur jamais d'espérance,
Jamais de regret, de souffrance ;
Toujours pâle d'indifférence,

Je subis la fatalité,

Songeant depuis l'éternité...

De la gothique cathédrale

Les cloches ont sonné minuit ;

A la clarté de mon front pâle,

Vous qui ne vivez que la nuit,

Allons, éveillez-vous sans bruit !

Ne craignez rien : la paix profonde

S'étend sur la moitié du monde ;

Tout dort, et la vague qui gronde

Veille seule, et parle tout bas

Au zéphyr qui passe là-bas.

A H.....

> Si mon songe de bonheur fut vif,
> il fut aussi d'une courte durée, et le
> réveil m'attendait..
> CHATEAUBRIAND.

L'enfant gâté des dieux, la fille de Vulcain,

La femme aux blonds cheveux qu'un divin rayon dore,

Parut, dit-on, un jour, une boîte à la main,

Et l'homme prosterné pleura devant Pandore.

Il adorait tremblant cette immortelle aurore ;
Tous les maux à la fois sur lui pleuvaient en vain ;
Qu'importe ! l'espérance au fond restait encore,
Et le bonheur perdu pouvait briller demain.

Plus belle que Pandore au front plein d'innocence,
Plus d'amour et de maux s'attachent à vos pas ;
Et rien n'adoucira jamais ma peine immense :

Car pour moi rien ne reste après tant de souffrance ;
Le dernier don pour moi vous ne le gardez pas,
Et tout s'est envolé, tout, jusqu'à l'espérance.

UN MOT DANS LA NUIT

> Oh! si par la force de l'esprit et de la parole certains mystères m'étaient révélés.
>
> GOETHE.

La nuit de son silence emplit ma solitude;
Las de chercher en vain, j'ai repoussé l'étude.
Oui, la science amère a rebuté mon front;
Oui, blanche Vérité, puisque ton puits sans fond
Dans ta splendeur sacrée à nos yeux te dérobe;
Puisque nous ne pouvons seulement de ta robe

Baiser les plis divins; puisque, toujours muet,
Depuis l'éternité tu gardes ton secret,
O grand sphynx à l'œil terne accroupi dans ton antre;
Puisqu'aucun univers, bondissant dans ton ventre,
Au vieux monde qui râle en son doute éternel
Ne montre le flambeau qui doit guider au ciel ;
Puisque la foi se meurt, que l'espérance est morte;
Puisque s'éteint le vent qui vers les cieux l'emporte.
Du manteau de l'oubli couvrons-nous dans la nuit;
Et dans cette heure sombre où s'endort chaque bruit,
Laissant de la pensée en nous mourir la flamme.
Au sommeil immobile abandonnons notre âme.

Mais la pâle insomnie, en se tordant les bras,
S'assied sur mon chevet et me parle tout bas,

Et de son doigt crochu me montre, écrit dans l'ombre,
Un mot tremblant qui luit sur la muraille sombre,
Mane — Thécel — Pharès de mes nuits sans sommeil,
Qui ne s'évanouit qu'à l'heure du réveil.
L'infini ! l'infini !... Pourquoi cette pensée
Me suit-elle partout dans sa forme insensée ?
Pourquoi ce mot fatal vient-il devant mes yeux
Danser en grimaçant comme un sylphe joyeux ?
En vain, plein de stupeur et de crainte secrète,
Je veux fermer les yeux et détourner la tête ;
Un pouvoir inconnu me force à regarder.
De mon front en sueur je vois se succéder
De bizarres pensers et des formes étranges
Qui, comme des damnés sous le fouet des archanges,
Autour du mot brillant, en spirales sans fin,
Tournent confusément en se donnant la main.

De ton échelle d'or au flamboyant mystère
Si tu compris le mot, Jacob, pourquoi te taire ?
L'infini... Ce doit être un Dieu qui nous absout ;
Et c'est peut-être un Dieu qui punit jusqu'au bout !

JEUNE HOMME, SAIS-TU BIEN?...

Jeune homme, sais-tu bien que la femme est perfide?
— Non; mais dans son sourire est un charme infini !
Sais-tu bien que l'amour est un vieux rêve vide?
— Non; mais quand je l'entends je frissonne ravi !

Jeune homme, sais-tu bien ce que c'est que la vie?
— Non; mais en moi je sens une vague douleur!
Sais-tu qu'à la raison notre âme est asservie?
— Non; mais son bleu regard me brûle au fond du cœur!

Jeune homme, sais-tu bien que tout s'éteint et passe?
— Non; mais de loin, hélas! je l'adore à genoux!
Sais-tu que de ce mal l'homme bientôt se lasse?
— Non; mais je veux souffrir si ce mal est si doux!

Jeune homme, sais-tu bien ce que ton cœur désire?
— Non; mais je me vendrais pour pleurer sur son sein!
Sais-tu qu'à son amour en vain ton âme aspire?
— Oui; mais ce soir je rêve... et je mourrai demain!

J'ÉTAIS BELLE AUJOURD'HUI

Vidit et incaluit pelagi Deus...
   OVIDE.

Madame, écoutez-moi ! — Vous étiez hier joyeuse,
Et le sourire errait sur votre bouche heureuse ;
Votre œil aux grands cils noirs, étincelant d'azur,
Comme un astre des cieux perçant le front impur,

Dardait de longs rayons à travers votre voile;

Mais moins sombre est le ciel et moins belle est l'étoile.

Votre robe gaîment flottait derrière vous,

Semant sur son passage un parfum des plus doux,

Cercle mystérieux d'amour et de jeunesse,

Dont sur terre autrefois s'entourait la déesse,

Encens divin, qui sert de trace à la beauté

Et dans les sens émus porte la volupté!

Tous les yeux vous suivaient pleins d'ivresse secrète;

Pour vous revoir encor chacun tournait la tête...

Vous, triomphante et fière, en souriant tout bas,

Vous alliez... et l'amour s'attachait à vos pas.

Un jeune homme a passé : — Comme un éclair rapide,

Votre regard d'azur, de bonheur tout humide,

En rencontrant ses yeux lui frappa droit au cœur.

Qu'avait donc ce regard sous sa fausse douceur?

A cet homme inconnu quelle secrète flamme
Allumait-il soudain jusqu'au fond de son âme?
Cet homme vous voyait pour la première fois;
Il ne connaissait pas le son de votre voix;
Que lui disaient vos yeux aux brillantes prunelles?
Quels étranges éclairs, brûlantes étincelles,
Jaillissaient tout à coup et venaient l'éblouir?
Quel choc mystérieux l'avait fait tressaillir?
Quel mot mystérieux avait-il vu reluire?
Dans leur air embaumé que pouvaient-ils lui dire,
Ces plis si gracieux que le vent balançait?
Qu'aviez-vous donc en vous? — Hélas! Dieu seul le sait!
Seulement ce jeune homme était fou. Vous, légère,
Vous n'étiez déjà plus qu'une ombre passagère
Qui fuyait devant lui. De bonheur transporté,
Pour vous suivre des yeux il s'était arrêté;

Et quand vous fûtes loin, quand pour toujours peut-être
Comme un rêve divin vous alliez disparaître,
Il s'élança vers vous, vous apportant son cœur...
Hélas! depuis ce jour, pour lui plus de bonheur!
A toute heure, en sa chambre, il pleure solitaire,
Invoquant votre nom dans sa folle prière.
Votre nom qu'il ignore, — Et sur son lit, la nuit,
Il appelle à grands cris un sommeil qui le fuit;
Le sommeil c'est l'oubli! — Mais la pâle insomnie
Ramène sous ses yeux votre image bénie :
En vain pour l'embrasser il ouvre ses deux bras;
Comme le premier jour, elle s'enfuit, hélas!
Alors pleurant de rage, en proie au noir délire,
En se tordant les bras à vos pieds il expire.
Vous, toujours souriante, ô blanche vision,
Légère, vous flottez là-bas à l'horizon...

En rêve ainsi la nuit il vous revoit, madame;
D'un amour sans espoir chaque nuit meurt son âme...

Vous, en rentrant le soir, ne songeant plus à lui,
Vous avez dit tout bas : « J'étais belle aujourd'hui ! »

MORS! HORRIDA MORS!

Oh! qui donc nous jeta sur ce monde incertain ?
A ton arrêt fatal qui nous livre, ô Destin ?
Sur ce cœur plein d'amour tu lances ton tonnerre :
Il le brise à jamais, et détournant les yeux,

Tout rouge de son sang tu retournes aux cieux,
    Du pied le clouant sur la terre.

Que t'avait fait, mon Dieu ! cet enfant au cœur pur,
Pour te dresser ainsi sur ton trône d'azur,
Et jetant ta fureur en deux éclairs de flamme,
Le faire tournoyer dans l'abîme éternel ?
Qu'importe sur la terre, à toi le roi du ciel,
    Qu'importe un jour de plus pour l'âme ?

Non ! tu ne punis pas ; tu frappes au hasard !
La colère jamais ne luit dans ton regard.
Ramenant sur tes yeux les sombres plis immenses
De ton manteau divin, fait d'immortalité,

Ton doigt sur ton front pâle écrit : « FATALITÉ! »
    Et muet, dans la nuit tu penses!...

A quoi donc? à quoi donc? puisque sans t'émouvoir
Tu regardes la nuit jeter son manteau noir
Sur les jours les plus beaux, et le soleil son frère
Darder ses rayons d'or sur les saintes douleurs;
Puisque sans les tarir tu vois couler les pleurs
    Qu'à son chevet verse une mère?...

INSENSIBILITÉ

> Je ne sais à quoi je pensais; j'étais
> comme abruti et devenu idiot.
> A. DE MUSSET.

Qu'il chante le printemps et sa riche verdure,
L'aurore qui sourit à l'horizon plus pur ;
Qu'il chante un ciel sans tache, étincelant d'azur,
Et le parfum des fleurs, et toute la nature !
Qu'emporté dans les cieux par l'ange du bonheur,
Et rendant grâce à Dieu dans son âme ravie,

Que le ciel le plus pur à nos yeux se déroule;
Que l'aurore là-bas, rougissant l'horizon
Il sourie à la terre, au soleil, à la vie,
Celui qui pour l'aimer a pu trouver un cœur!

Mais à moi, que me font le printemps et les roses?
Que me fait le zéphyr de parfums enivré,
Et le chant des oiseaux par l'amour inspiré?
Puisqu'on ne m'aime pas, que me font toutes choses?
Moi, je n'irai jamais, la tenant sous mon bras,
Dans les bois le matin m'égarer avec elle;
Je ne cueillerai pas la rose la plus belle
Pour la voir à son sein... elle ne m'aime pas!

S'élance en rayonnant de sa noire prison;
Je demeure sans joie, et l'heure qui s'écoule
A ma fenêtre encor me retrouve songeur.
Pour regarder le ciel je n'ai plus d'espérance;
Pour admirer l'aurore et son sourire immense,
Quel instant de plaisir promet-elle à mon cœur?

D'un œil terne et sans feu je regarde la vie;
Tout passe autour de moi sans me voir tressaillir;
Il ne me reste rien, pas même un souvenir;
Comme dans un linceul mon âme est endormie.
Tel un sphynx en Égypte, en silence accroupi,
Semble dormir au loin sur ses genoux de pierre;
Le grand fleuve à ses pieds peut briser sa barrière.
Impassible il regarde, et demeure assoupi.

BALLADE

LE MOINE

> Aux doux plaisirs chacun se livre,
> Ces plaisirs pour moi sans appas.
> Dure l'enchantement dont leur âme s'enivre !
> Et comme moi, du moins, qu'ils ne s'éveillent pas.
> LORD BYRON. (Childe-Harold).

Bonnes gens, écoutez l'histoire

Du vieux moine mystérieux.

La nuit, ouvrant son aile noire,

S'élance en pleurant dans les cieux ;

Voyez, là-bas un éclair brille
Et sillonne son triste front;
Autour du sarment qui pétille,
Bonnes gens, pressez-vous en rond.

Sur sa tige encore endormie,
Lorsque le zéphyr du matin
Balance la fleur du jardin,
En secouant sur la prairie
Les larmes d'argent de la nuit;
Quand tout s'éveille pour renaître;
Quand la nature chante et bruit
Toute joyeuse à sa fenêtre,

Lui, courbant son front pâle, en proie au noir remord,
Aux pieds du Christ en croix médite sur la mort.

> Le jour autour de lui s'écoule,
> Rien ne peut distraire son cœur ;
> Autour de lui passe la foule,
> Pour lui jamais plus de bonheur !
> La nuit descend triste et rêveuse ;
> La lune monte à l'horizon,
> Et projette un pâle rayon
> Dans sa cellule ténébreuse ;

Lui, courbant son front pâle, en proie au noir remord,
Aux pieds du Christ en croix médite sur la mort.

Qu'importe pour lui si la vie
A des roses sur son chemin !
Qu'importe si l'âme ravie
Pour la voir s'arrête soudain,
Quand près d'elle la beauté passe !
En vain des cieux brille l'azur;
En vain de l'encens le plus pur
La brise parfume l'espace ;

Lui, courbant son front pâle, en proie au noir remord,
Aux pieds du Christ en croix médite sur la mort.

Qu'un autre sur les flots du monde
Laisse gonfler sa voile aux vents !

Qu'un autre, en cette mer profonde,
Sur les sables aux plis mouvants,
Cherche une perle au fond de l'onde !
Qu'essayant un dernier effort,
Il cherche un abri dans le port
Lorsque sur lui l'orage gronde !

Lui, courbant son front pâle, en proie au noir remord,
Aux pieds du Christ en croix médite sur la mort.

Après bien des jours de prière,
Après bien des nuits sans sommeil,
A genoux sur la froide pierre,
Ainsi qu'à l'heure du réveil,

En suivant sa sombre pensée,

Il rendit l'âme... Mais son corps

Ne prit jamais l'aspect des morts ;

Et sous sa paupière glacée

Son œil longtemps après semblait penser encor ;
Mort, il semblait toujours méditer sur la mort.

O bonnes gens, telle est l'histoire

Du vieux moine mystérieux ;

Maintenant sous son aile noire

La nuit ne pleure plus aux cieux.

Voyez, une étoile scintille

Sous les nuages de son front...

Bonnes gens, près de la charmille,
Allez! allez danser en rond!

ΓΛΑΥΚΩΠΙΣ

> Ses yeux, où le ciel se reflète,
> Mêlent à leur azur amer,
> Qu'étoile une humide paillette,
> Les teintes glauques de la mer.
> TH. GAUTIER.

Dans la ballade de Schiller,

Pour ressaisir une couronne,

Un plongeur fendit le flot clair

Qui se referme et tourbillonne;

Qui tourbillonne et puis frissonne
Et reprend le calme de l'air;
Le plongeur, qui cherchait un trône,
Resta dans le fond de la mer.

Madame, dans les flots du monde
Voyant briller vos beaux yeux bleus,
Que de plongeurs ont fendu l'onde !

Pour saisir ce rêve des cieux,
Combien ont dû, l'âme ravie,
Sous ces vagues noyer leur vie !

CLOCHES DE MINUIT

> Cantiques célestes, puissants et doux, pourquoi me cherchez vous dans la poussière ? Faites-vous entendre à ceux que vous pouvez consoler.
> GOETHE

Que sonniez-vous, cloches lointaines,

Dans le silence de la nuit ?

Lorsque tout dormait dans les plaines,

Oh ! que sonniez-vous à minuit ?

Seul avec mon amour je veillais solitaire ;
Ma lampe sur le mur vacillait tristement,
Et les vents endormis se taisaient sur la terre :
Pourquoi troubliez-vous mon noir recueillement ?

A travers l'infini quelle vaine prière
Portaient vos ailes d'or au Seigneur tout-puissant ?
Vers les cieux étoilés, oh ! quelle plainte amère
S'élançait à travers la brume en frémissant ?

Quelle angoisse secrète en vos flèches gothiques
Faisait frémir la nuit, clochers silencieux ?
Que disiez-vous d'en bas aux âmes séraphiques ?
Pourquoi poussiez-vous donc ce chant mystérieux ?

Quel chérubin plaintif sous vos voûtes désertes,
Avec le vent du nord dans les longs corridors,
Avec les flots couvrant la plage d'algues vertes,
Se lamentait, à l'heure où s'éveillent les morts ?

Ah ! sonniez-vous le glas des dernières souffrances ?
Exhaliez-vous au ciel vos dernières douleurs ?
Demandiez-vous à Dieu les vastes récompenses
Qu'en tombant goutte à goutte ont mérité vos pleurs ?

Pour le vieux genre humain tout épuisé, qui râle,
Las d'aspirer en vain au repos éternel,
Tu demandais sans doute, ô vieille cathédrale,
De la rédemption le moment solennel.

Ta prière appelait l'heure de délivrance,
Aux pieds des saints autels, moines silencieux,
Vous sentiez en vos cœurs l'immortelle espérance,
Et dans vos visions vous vous plongiez heureux !

Sonnez alors, sonnez pour eux, ô cloches saintes !
Sonnez pour ceux qui vont, pâles, sous les piliers
Déposer pleins d'espoir leurs soupirs et leurs plaintes ;
Sonnez pour ceux qui vont, ô Christ, baiser tes pieds !

Pour ceux qui, rejetant les plaisirs de la terre,
Vivent de ta promesse et de ton nimbe d'or ;
Pour ceux qui, dédaignant un bonheur éphémère,
Veulent l'éternité, sonnez, sonnez encor !

Mais pour le malheureux qui préfère à ces joies
Le regard d'une femme en son regard noyé ;
Aux rêves que la nuit, ô Christ, tu leur envoies,
Un beau corps dans ses bras comme un roseau ployé ;

Pour l'insensé qu'au loin repousse cette femme,
Et qui ne peut bannir son fatal souvenir ;
Pour moi que brûle, hélas ! une éternelle flamme ;
Pour moi qui n'aime qu'elle, et qui ne peut mourir,

  Que sonniez-vous, cloches lointaines,
  Dans le silence de la nuit ?
  Lorsque tout dormait dans es plaines,
  Oh ! que sonniez-vous à minuit ?

ESPÉRANCE

Spira, spera!

Et mon cœur dans la nuit sous la pâle insomnie
Se désolait, voyant partout l'ombre épaissie,
Et je doutais de tout, et de l'homme et de Dieu,
A mon espoir trompé disant un sombre adieu.

Alors me saisissant le bras, l'ange fidèle
A travers l'infini m'emporta sous son aile,
Comme l'aigle qui passe avec sa proie au ciel.
Plus rapides que lui, plus légers qu'Ariel,
Nous franchîmes l'espace où s'entassait l'orage.
Sur un roc escarpé, couronné d'un nuage,
Il me jeta tremblant et disparut dans l'air.
Soudain je fus frappé par un immense éclair,
Et je vis près de moi des hommes au front pâle
Dont l'œil fixe dardait une lueur fatale ;
Et je leur dis : « Pourquoi, spectres, sur ce rocher
Vous vois-je dans la nuit attentifs vous pencher?
Que regardez-vous donc à travers les ténèbres?
L'horizon se remplit de visions funèbres.
Je n'entends que le vent qui siffle tristement :
Qu'écoutez-vous, pensifs sous le noir firmament?

— Enfant, nous attendons l'heure de délivrance ;

Il est nuit, mais nos cœurs s'emplissent d'espérance :

Nous regardons là-bas le Messie inconnu.

Pour la seconde fois à nos larmes rendu,

Il viendra, dispersant autour de lui la brume,

Dardant ses rayons d'or sur la plaine qui fume.

La terre sentira dans son sein rajeuni,

Pour la seconde fois un amour infini

Couler avec son sang, plus pur et plus limpide.

Nous écoutons au ciel, sur ce rocher aride,

Le chant des harpes d'or de la rédemption.

Nous regardons là-bas au lointain horizon ;

Car l'aube va paraître, en chassant devant elle

Cette sinistre nuit, et l'aurore nouvelle

Jaillira tout à coup du sein profond des mers.

Un cri de liberté, s'élançant dans les airs,

Ira frapper le front des mourantes étoiles,

Et de l'obscurité déchirera les voiles.

Gessler à tout jamais dans l'abîme sans fin

Roulera tout sanglant; et le vieux genre humain,

Se redressant plus beau d'un amas de poussière,

Au vaste chant d'amour s'unira sur la terre!

Comme un vain rêve alors tout disparut... et moi,

Depuis ce temps j'espère et je garde ma foi!

LE CHANT DE SARDANAPALE

Ave! morituri te salutant!

Autour de mon bûcher, viens, presse-toi, Ninive !
Écoute mes adieux et regarde attentive !
Au bord de l'Occident s'arrête le soleil :
Qu'importe, si demain tu gémiras captive ?

Viens, ton roi magnifique, à cet astre pareil,
Pour la dernière fois te convie à sa fête ;
    Peuple vaincu, lève la tête ;
Encore un chant ce soir pour bercer ton sommeil !

CHOEUR DE FEMMES.

Adieu les voluptés de nos nuits enchantées !
    Adieu les brûlantes amours !
Vers l'horizon lointain par le vent emportées,
    Adieu, vous fuyez pour toujours !

A toi, peuple rampant, ta lâche et vile vie !
Tous tes grossiers plaisirs, nation asservie,
Plus dignes des pourceaux, ne sont pas faits pour moi.
L'esclavage honteux, avec sa basse envie,

A soulevé mon cœur et révolté ton roi:
A toi, sale troupeau, ton cœur où rien ne vibre!
    Peuple, moi je veux mourir libre;
Je garde mon honneur et je garde ma foi.

CHŒUR DE FEMMES.

Dans un dernier soupir nous baisons ton front pâle;
    Déjà le feu pétille en bas;
Nous buvons à ta mort, ô grand Sardanapale !
    Viens mourir pressé dans nos bras !

La mort, c'est le réveil ; car la vie est un songe.
D'ardentes voluptés cette soif qui me ronge
S'abreuvera bientôt dans un fleuve nouveau.
Je suis las de la terre, où tout n'est que mensonge.

Cherchons un horizon et plus large et plus beau !
Puisque de mes plaisirs la coupe était infâme,
  Peuple, je la brise, et mon âme
Prend pour la ciseler la pierre du tombeau.

CHŒUR DE FEMMES.

Que jusqu'au ciel en chœur s'élève notre orgie !
  La flamme terrible et sans bruit
Fera bientôt frémir sous leur voûte rougie
  Les dieux réveillés dans leur nuit.

Adore à deux genoux tes idoles de pierre ;
Adresse-leur tout haut ta stupide prière :
Je méprise tes dieux et je garde le mien,
Qui dans mon cœur toujours a veillé solitaire :

Pour lui, l'homme qui rit est celui qui fait bien ;
Car vivre, c'est jouir!... Et plein de confiance,
    Peuple, je vois la jouissance
Dans ce monde invisible où tu ne voyais rien !

CHŒUR DE FEMMES.

Que c'est beau l'incendie au sein de la nuit sombre,
    Qui fait sur la mer au nocher
Croire qu'à l'orient l'aurore chasse l'ombre,
    Qui dévore un vivant bûcher !

Chantez encor, chantez toujours, ô mes esclaves !
Devant leurs lâchetés sachons mourir en braves ;
Au milieu de la flamme étreignons-nous encor !
Que notre âme, brisant ses dernières entraves,

Avec notre baiser, avec ces langues d'or,
Aille frapper le front étonné des étoiles !
  O peuple, bientôt dans ses voiles
La nuit te couvrira; peuple, ton cœur est mort !

    CHOEUR DE FEMMES.

O ciel ! entr'ouvre-toi dans ta beauté suprême !
  A nous encore un paradis
Où l'on danse et l'on rie, où l'on chante et l'on aime !
  Rien n'éblouit nos yeux hardis !

Autour de mon bûcher viens, presse-toi, Ninive ;
Écoute mes adieux, et regarde attentive !
Au bord de l'occident est tombé le soleil :
Qu'importe si demain tu dois gémir captive ?

Viens, ton roi magnifique, à cet astre pareil,
Une dernière fois te convie à sa fête :
   Peuple vaincu, baisse la tête,
Tu n'auras plus de chants pour bercer ton sommeil !

OMBRE ET RAYON

> . . . . . Dans les biens d'ici-bas,
> Ceux qu'on poursuit le plus je ne les aurai pas;
> . . . .
> Des biens que je n'ai pas ceux-ci me tiennent lieu.
> Dans cette humble maison, près de ce chêne en flamme,
> Ce soir, je vous bénis, et du fond de mon âme
> BRIZEUX.

Oui, bel ange aux yeux bleus, je t'aime sans espoir ;

Je t'adore en secret, sans douce récompense,

Sans jamais te parler, sans jamais recevoir

D'autre prix à mes maux que ton indifférence ;

Oui, jamais de tes yeux ne tombe un seul regard
Qui cherche dans les miens à sonder ma pensée,
Et lorsqu'il m'éblouit, hélas ! c'est par hasard.
Pourtant, sous ce regard, mon âme délaissée
Tressaille de plaisir comme un frêle arbrisseau
Sous le premier rayon de l'immortelle aurore.
Quand le soir sous vos doigts chante le piano,
Quand voltige en tremblant sur le clavier sonore
Cet air si plein d'amour, que rien qu'en l'écoutant
Je sens bondir mon cœur et palpiter mon âme,
Ce n'est jamais à moi que vous pensez ; pourtant
Sous ces accents divins, en deux éclairs de flamme,
De mes yeux enivrés jaillit tout mon amour,
Illuminant les cieux d'une céleste vie.
Oui, vous n'avez jamais à ma peine, en retour,
Jeté quelque rayon dans mon âme ravie

Quand je pleure, jamais vous ne savez pourquoi ;
Quand mon front est joyeux, à vous que vous importe !
Oui, je le sais, hélas ! Mais je sais que pour moi,
Quand vous ne venez pas, comme une feuille morte
S'envole en tournoyant d'un arbre desséché,
Ainsi tout mon bonheur en gémissant s'envole.
Je sais que ce jour-là je suis triste et fâché ;
Comme un fer aimanté se tourne vers le pôle,
Durant le jour entier je sais qu'un fol espoir
Retient mes yeux fixés du côté de la porte.
Je sais que tout m'irrite, et que quand vient le soir,
Je sens croître mes maux de ceux que la nuit porte.
Je cherche vainement un sommeil qui me fuit ;
Mais l'horrible insomnie aux sinistres pensées
Peuple mon noir chevet des spectres de la nuit,
Parmi lesquels je vois, images insensées,

Flotter votre visage au contour adoré.

Ah ! vous ne savez pas, ô belle jeune fille,

Tout ce qu'on souffre au cœur d'un amour ignoré !

Vous ne saurez jamais, vous dont le regard brille,

Ce que c'est, jeune enfant, qu'aimer sans être aimé !

Pour être aimé de vous, qui ne vendrait son âme ?

Pour presser dans un bal votre gant parfumé,

Pour sentir le regard de vos yeux pleins de flamme

Lui plonger dans les yeux et lui brûler le cœur,

Qui, pour un mot d'espoir, ne donnerait sa vie ?

Vous ne saurez jamais quelle sombre fureur

Au fond de l'âme en pleurs vous met la jalousie !

Sentir que vous passez sans qu'aucun souvenir

Lui parlera jamais de vous à sa mémoire,

Pas plus que de l'oiseau que le plomb fait mourir

Ne parle le ruisseau dans lequel il vient boire !...

Pourtant, malgré ces maux, je préfère cent fois
Mon sort, tout plein qu'il est d'une affreuse souffrance,
Au destin de celui dont une douce voix,
Une voix adorée et pleine d'innocence,
N'a jamais malgré lui fait tressaillir le cœur;
Au destin du don Juan dont la lèvre infidèle
S'unit à chaque lèvre en un serment trompeur.
Moi, je souffre et me plais dans ma douleur cruelle ;
Je souffre ; mais, allez ! pour tous ces maux chéris,
Pour ces bonheurs secrets, enfant, je vous bénis !

AU FOND DE L'ONDE

Narcisse, un jour, penché sur la claire fontaine
Se vit, et de plaisir sourit en rougissant ;
Il s'admirait pensif, retenant son haleine :
Il mourut consumé d'un désir impuissant.

Enfant aux blonds cheveux, au regard innocent,
N'allez pas dans les bois, sous l'ombrage d'un chêne,
Dans le cristal des eaux qui dort en frémissant,
Abaisser votre front orné de marjolaine.

Car cette onde si pure, où rit la volupté,
Réfléchira soudain votre blanche beauté,
Et mon bonheur fuira sous ce fatal caprice;

En vous voyant si belle au fond du bleu bassin,
Un désir insensé troublera votre sein,
Et vous mourrez du feu qui consuma Narcisse !

SPECTRES DANS LA NUIT

> *In somnis ecce ante oculos mœstissimus Hector*
> *Visus adesse mihi, largosque effundere fletus.*
> VIRGILE.

Ombres qui tournoyez à ces heures nocturnes,
Pourquoi tant de tristesse en vos fronts taciturnes?
Déjà la nuit s'achève et le jour va venir ;
Que me voulez-vous tous, à moi qui veux dormir?

Toi qui sembles courbé sous une main fatale,

Pourquoi donc vers le sol abaisser ton front pâle?

Spectre, qui donc es-tu? Réponds!

       Je suis Hamlet!

De cette vie en vain je cherche le secret;

Le doute me poursuit et l'âme m'épouvante.

Ah! tu m'aurais guéri du mal qui me tourmente,

O douce Ophélia! Mais sous un lit de fleurs

Ton amour dans le fleuve a noyé ses douleurs.

Et toi?

    Je suis Werther! Dans mon âme immortelle

Je ne peux étouffer ma souffrance éternelle;

J'ai cherché dans la mort l'oubli de mon amour,
Et mon amour survit et grandit chaque jour.

Toi, pourquoi pleures-tu sous cette robe noire?

D'un bonheur enivrant je garde la mémoire ;
Laurence, je t'aimais ! Mais le devoir parlait ;
En suivant la vertu, j'emportai le regret !

Quel sinistre regard ont tes yeux, ô jeune homme !
A quoi donc penses-tu ?

                        C'est Rolla qu'on me nomme !
Je ne croyais à rien ; le monde était désert ;
J'ai vécu libre et fier sur mon cercueil ouvert.

Et toi ?

Je suis Harold ! De ma mélancolie,
Lassé de cette terre et lassé de la vie,
J'ai promené partout mon lugubre linceul ;
Tous les peuples m'ont vu, toujours farouche et seul,
Traîner derrière moi le cercueil de mon âme.

Toi, dont je vois des yeux briller l'ardente flamme
Sous ton grand feutre noir, tu te nommes?...

Ruy Blas !
J'ai lutté, mais en vain ! Tout meurt, tout passe, hélas !
L'Espagne agonisante à jamais est tombée.
Ton aigle, ô Charles-Quint ! à la serre courbée,

Qui régnait sur la terre et planait sur les mers,

Disant : « Toujours plus loin ! » dans le large univers,

De son aire sublime a sauté dans la boue,

Et des pleurs indignés ruissellent sur ma joue !

Oh ! je te reconnais à ton air inquiet;

Et voilà près de toi ton cynique valet !

Oui, c'est moi ! je suis Faust ! et je poursuis sans trêve,

Sans l'atteindre jamais, mon impossible rêve.

Qu'ai-je donc en mon cœur qui m'entraîne toujours

Loin du bonheur tranquille et des blanches amours ?

Qui me délivrera du feu qui me dévore ?

Sombre procession ! là-bas qui vient encore ?

Moi ! Mozart m'entrevit, Hoffmann m'a vu passer.
Je suis don Juan ! Jamais je ne peux me lasser.
Je n'ai pu te trouver, âme sœur de la mienne ;
Je n'ai pu te saisir, ô forme aérienne ;
Mais puisque Dieu m'a mis dans l'âme cette foi
Qui sans cesse survit, ou tu seras à moi,
Où d'un maître imposteur j'insulterai le trône !

Toi qui viens après eux, ô grande ombre, pardonne,
Mais éclaircis mon doute !

      Oui, tu m'as deviné,
Je suis Alceste, et j'ai, dans mon cœur indigné,

Lancé contre le monde un sanglant anathème;
Je vous méprise tous, et je me hais moi-même;
Ce que souffre mon âme un seul l'aura connu !

Et toi, pourquoi gémir ?

      O Schiller! tu l'as su !
Entends-tu mes sanglots, liberté que j'adore?
Je suis Guillaume Tell, et Gessler vit encore !

COURSE A TRAVERS LA NUIT

Go, away! go, away!
LORD BYRON.

Vole à travers la nuit, va, mon cheval rapide,
Emporte sur ta croupe, en ta course intrépide,
    Ma souffrance avec mon amour;
Vole, tout dort au loin; vole, la nuit est noire;

Fais que de ma douleur je perde la mémoire !
Donne-moi l'oubli jusqu'au jour !

Va ! plus prompt que l'éclair, jette à l'écho sonore
Ton pas qui retentit et retentit encore
Sur le sol qui frémit d'horreur ;
Élance-toi sans peur dans cette forêt sombre !
Sous ce feuillage noir traverse comme une ombre
Cet espace où bondit mon cœur !

En vain pour t'arrêter s'abaisse chaque branche ;
En vain, pour t'effrayer, sur ton chemin se penche
Un arbre qui te tend les bras ;
En vain sortent là-bas, aux rayons de la lune,

Mille fantômes blancs que ta course importune...
  Va toujours, ne t'arrête pas !

Plus sinistres encor se dressent dans mon âme,
Comme de noirs démons dansant sur une flamme,
  Les spectres des bonheurs passés.
Plus terrible en mon cœur que le torrent qui gronde,
Rugit la jalousie, et sous sa dent profonde
  Palpitent tous mes sens blessés.

Redouble de fureur, ô mon coursier nocturne,
Fais tressaillir d'effroi tout ce bois taciturne ;
  Qu'il s'éveille, car nous veillons !
Qu'il sache ce que souffre un cœur sans espérance

Qui ne peut échapper à son amour immense !
Soulevons de noirs tourbillons !

Que ton ardent poitrail se recouvre d'écume !
Rejette en hennissant, de ton naseau qui fume,
    Le feu qui te brûle, et ton sang.
Que les elfes surpris quittent tous leur feuillage,
Et nous voyant passer dans notre sombre rage,
    Se retournent en frémissant.

Plus vite ! encor plus vite ! et demain sur la terre
Le bûcheron verra la trace sanguinaire
    Qui tombe de tes maigres flancs.
Va plus vite, et demain l'on dira que le crime

A passé dans la nuit, emportant sa victime;
>Et les passants fuiront tremblants...

Vole à travers la nuit; va, mon cheval rapide,
Emporte sur ta croupe, en ta course intrépide,
>Ma souffrance avec mon amour !

Vole, tout dort au loin; vole, la nuit est noire...
Hélas! de ma douleur j'ai gardé la mémoire !
>Elle m'a suivi jusqu'au jour !...

LA ROBE DE NESSUS

Omnia qui vicit, vincet, quos cernitis, ignes !
OVIDE.

I

Ainsi, sans s'arrêter, lorsque le fils d'Alcmène,
Le Néméen farouche, Hercule au front d'airain,
A de l'est au couchant imprimé sur l'arène
L'orteil vaste et sanglant de son pied souverain ;

Quand il a douze fois, dans sa course intrépide,
Des coups de sa massue ébranlé l'univers,
Ceignant ses reins puissants de la dépouille humide
Du lion colossal qui fit fuir les enfers ;

Quand il a sous les cieux traîné, fier et sublime,
Tout un peuple hideux de monstres enchaînés,
A l'infâme supplice arrachant la victime,
Et vingt ans ébloui les hommes prosternés ;

Quand du marais fétide où l'hydre encor s'élance
Il affranchit les bords du monstre au dos squameux ;
Et qu'il s'arrête enfin où fuit le globe immense,
Aux piliers de granit laissant son nom fameux ;

Un centaure, jaloux de sa gloire immortelle,
Monstre haineux, portant son trait sûr dans le cœur,
En vomissant sa vie et sa honte éternelle,
De sa vile tunique entoure le vainqueur.

Dans son sang le héros sent circuler la flamme;
Il sent croître en son sein un feu mystérieux;
Et dans ce mal nouveau, dont s'indigne son âme,
Trop tard il reconnaît le centaure envieux.

Comme un taureau blessé, bondissant dans sa rage,
Il emplit de ses cris les échos de l'Œta;
Il implore les dieux; et les flots du rivage
S'émeuvent sur la rive où son pas s'arrêta.

Pour rejeter au loin sa tunique fatale
Il fait de vains efforts; sous sa main c'est sa chair
Qu'il déchire en lambeaux ; c'est l'enfer qui s'étale
Sur son corps tout sanglant, sur son front aux dieux cher.

Alors, les yeux hagards, dans la forêt voisine
Il s'élance, et son bras, plus redoutable encor,
Fait voler dans les airs, par-dessus la colline,
Les chênes monstrueux sous un suprême effort.

Mais bientôt il s'arrête... Et son front qui rayonne
Jette aux cieux étonnés un orgueilleux espoir;
Étouffant dans son cœur la rage qui bouillonne,
Sur l'immense bûcher, tranquille, il va s'asseoir.

Il disparaît soudain sous la fumée épaisse ;
Sa massue est en cendre, et son corps est en feu ;
Mais qu'importe, ô héros ! tu nages dans l'ivresse ;
Tu n'étais qu'un mortel, tu vas renaître dieu !

II

Ainsi quand le poëte au front qui s'illumine,
Longtemps dans sa splendeur a, sous son nimbe d'or,
Posant son pied puissant sur un monde en ruine,
Fait tressaillir les bois des échos de son cor ;

Quand son vers de granit taillé par le génie
Flamboie au front des cieux, à sa voix entr'ouverts ;

Quand de son luth d'airain la sublime harmonie,
Comme une lave ardente, embrase l'univers ;

Quand il a, relevant l'impure courtisane,
Replacé sur son front l'éclair de chasteté,
Et lancé dans les airs, comme l'aigle qui plane,
Un laquais qui rugit dans son austérité ;

Quand il a resplendi dans la nue enflammée,
Fixant ses yeux ardents sur un astre éclatant,
Et qu'il a repoussé, dans l'espace abîmée,
La terre, qui tremblait sous lui, nouveau Titan ;

Un bras jaloux le prend par les pieds et l'entraîne ;
Et lui, le Prométhée étincelant des airs,
Rougissant de son sang l'immense et jaune arène,
Va se briser le front sur des rochers déserts !

Suant, toujours serein, ta sueur d'agonie,
Vide jusqu'à la fin ton calice de fiel,
O poëte ! Bientôt, avec tout ton génie,
Tu vas du sein des nuits t'élancer immortel !

A MON AMI E. B.

> C'est cet ennui qui désenchante
> Et tout ce que j'entends, et tout ce que je vois.
> LORD BYRON.

Quoi! depuis cinq mille ans que cette vieille terre,
Dans sa course rapide autour de son soleil,
Entraînant sur son dos son humaine poussière,
Lui donne tour à tour le jour et le sommeil ;
Quoi! jamais de tourner elle ne s'est lassée?
Jamais rien n'a changé son cours mystérieux?

Rien hors de son chemin ne l'a jamais poussée?
Elle a toujours au ciel revu les mêmes cieux?

Quoi donc! après avoir, de son orbite immense
Tant de fois repassé par les douze degrés;
Après avoir suivi tant de fois en silence
Son axe accomplissant ses tours désespérés,
Elle ne dira pas, s'arrêtant dans l'espace,
Au soleil étonné : « Maintenant c'est assez!
J'ai depuis trop longtemps vu ta splendide face;
Je veux enfin jouir de tant d'efforts passés! »

Quoi! toujours, ô mon Dieu, la nuit et puis l'aurore?
Et puis après un jour, un autre jour encore?

Et toujours!... Et toujours!... Et jamais sous les cieux
D'autres soleils nouveaux n'éblouiront nos yeux?
Lorsque descend la nuit, au travers de son voile
Nous reverrons toujours reluire la même étoile,
Au même coin du ciel, ainsi qu'au premier jour,
Et la lune au soleil succéder à son tour?

Quoi! nous verrons toujours passer l'heure après l'heure,
Sans aucun changement, comme passent les flots?
Le temps coule... et pourtant immuable demeure
La face de la terre ; et jamais de repos!
Et ce vieil Océan, tout frémissant de rage
Depuis l'éternité, malgré tous ses efforts,
Ne parviendra jamais à renverser ses bords,
Et s'en aller mugir sur un autre rivage?

Quoi! jamais aucun vent, aucun souffle divin,
Passant en frémissant sur la terre, un matin,
Ne la rajeunira de sa brûlante haleine,
Échauffant son vieux sang qui fige dans sa veine?
Jamais ces vastes cieux, jamais rien, ô douleur,
Ne se revêtira de formes toutes neuves?
Jamais ces monts, ces champs, ces forêts et ces fleuves,
Ne brilleront pour nous sous une autre couleur?

Quoi! s'endormir ce soir, et puis demain renaître,
Et tel qu'on était hier toujours se reconnaître!
Toujours vivre d'espoir, d'oubli, de souvenir,
Et poursuivre de loin l'incertain avenir
Qui comme l'horizon se dérobe sans cesse!
Eh! quoi! Le cœur jamais, tout bouillant de jeunesse,

Ne brisera d'un bond sa fragile prison,
Et ne s'élancera vers un autre horizon?

Ah! si jamais ce monde attend un autre monde;
S'il doit un jour, du sein de cette nuit profonde,
S'élancer tout à coup, brillant, vers d'autres cieux;
S'il n'attend qu'un seul mot, qu'un mot mystérieux;
Ce mot, si tu l'avais, dût cet affreux mystère
T'écraser à jamais sous son brûlant tonnerre;
Dût ce monde en croulant t'engloutir, lui vaincu,
Ce mot, si tu l'avais, le prononcerais-tu?

Mieux vaut, mieux vaut cent fois, un seul jour de lumière
Qu'une vie éternelle, et de nuit tout entière!

SALMACIS

Nec duo sunt, et forma duplex.
OVIDE

Dans la source d'eau vive où dormait Salmacis,
L'enfant qu'elle adorait, le blond Hermaphrodite,
Trempant son beau pied blanc, sur le gazon assis,
Écoutait sa chanson, par les échos redite.

La nymphe, à ce doux chant qui la berce et l'agite,
S'éveille, au fond l'entraîne, et leurs corps indécis
Se fondent en un seul, et son sein blanc palpite
Sur ce corps de jeune homme aux contours adoucis.

Dans le fleuve enchanté qu'on nomme Poésie,
Ainsi, quand par la main la Muse vous conduit,
Dans un charme inconnu se fond l'âme saisie ;

Dans son cœur, comme un chant d'amour pendant la nuit,
Le poëte surpris sent palpiter la femme;
Et pourtant son front mâle est baigné d'une flamme.

A H......

Lorsque l'astre du jour derrière la colline
A caché ses rayons, crépuscule du soir,
Quand un jour incertain sur la plaine voisine
A flotté quelque temps ; lorsque le manteau noir

De la nuit sur la terre a projeté son ombre
Immense; quand c'est l'heure où, désertant les champs,
Le laboureur chez lui rentre pensif et sombre;
L'heure du rendez-vous de deux jeunes amants;
L'heure où sur la pelouse, en cercle, l'hirondelle
En se jouant voltige et rase le gazon;
L'heure où le blond Zéphyr a reployé son aile;
Où la pâle Phébé s'élève à l'horizon,
Et triste, dans la nuit recommence son rêve;
A l'heure où le vieillard dont la tête blêmit
De la vie en son cœur sent refroidir la sève,
Et, songeant à la mort, se retourne et gémit;

Moi, de ma pauvre chambre, où l'ombre est descendue,
Je sors, et dans les champs laissant errer mes pas,

Je cherche devant moi la trace disparue
Du sentier qui conduit, à travers les lilas,
Jusqu'au sommet désert de la verte colline.
Quand tout repose au loin, c'est là que chaque soir,
Sur le tertre élevé d'où mon regard domine
La campagne à mes pieds, pensif je viens m'asseoir.
C'est là que ma souffrance, en plaintes répétées,
Débordant de mon cœur, s'exhale librement.
D'Endymion l'amante, aux cornes argentées,
M'écoute chaque soir jeter ton nom au vent!

VISION

Un soir, sur ma couche brûlante,
En proie à des rêves affreux,
Je sentais sur ma main tremblante
Repasser des frissons fiévreux.

Tout à coup, de ses mains divines,
Écartant mes rideaux fermés,
Ma belle aux lèvres purpurines
Parut devant mes yeux charmés.

Tressaillant de crainte et d'ivresse,
Je voulus sauter de mon lit,
Mais mon bras, dans ma maladresse,
Heurta ma lampe et l'éteignit.

Alors, avec un doux reproche,
Elle me dit : « Pourquoi ce bruit?
Pourquoi, quand de toi je m'approche,
Éteins-tu le flambeau de nuit? »

Et moi je dis, l'âme ravie :
« Par le ciel ! je n'ai pas rêvé :
J'ai cru, chère âme de ma vie,
Que le soleil s'était levé ! »

Imité de Sadi.

MARCO

I

> N'est-ce pas qu'il est pur le sommeil de l'enfance ?
> Que le ciel lui donna sa beauté pour défense ?
> Que l'amour d'une vierge est une piété
> Comme l'amour céleste ?...
>   A. DE MUSSET.

Regardez-la rêver, la belle jeune fille ;

Regardez dans ces yeux cette larme qui brille,

Comme l'étoile d'or au bord du firmament

Avant de nous quitter se balance un moment,

Et tombe dans l'abîme où son regard se noie.

Regardez sur son front, où s'efface la joie,

Palpiter tristement l'aile d'un séraphin
Qui l'entretient tout bas de sa plainte sans fin.

Oh! qu'as-tu donc en toi, sainte Mélancolie?
Oh! quel charme inconnu de ta douce folie,
S'exhalant dans l'air pur comme un parfum de fleurs,
Sous ton regard d'azur fait palpiter nos cœurs?
Quel mot mystérieux lisons-nous dans ton âme
Qui, sous un vent léger, comme une blanche flamme,
Fait remonter aux cieux notre pensée en pleurs?
Je ne sais; — mais devant tes muettes douleurs,
Devant tes yeux pensifs, pâle Mélancolie,
Qui jusqu'au fond de nous cherchent l'âme endormie;
Devant ton front penché qui dans l'ombre reluit
Comme la lune au ciel, seule, pendant la nuit;

Devant tous ces soupirs qu'une brise divine
Comme d'un luth d'ivoire arrache à ta poitrine ;
Devant tant de tristesse empreinte en ton regard ;
Devant cette candeur que ne souille aucun fard ;
Devant tes longs cheveux que le zéphyr soulève,
Comme la vision qui flotte dans un rêve,
Et qu'on craint dans la nuit de voir s'évanouir,
Je t'adore à genoux, et sens mon cœur bondir
D'espérance et d'amour dans l'espace infini ;
Ainsi qu'aux pieds sacrés des madones, ravi,
Le pâle anachorète, au fond des cathédrales,
Frappe trois fois son sein de ses mains sépulcrales.

Regardez-la rêver ! — N'est-ce pas, mes amis,
Qu'il n'est rien de plus doux pour chasser nos soucis

Qu'il n'est pas pour nos cœurs de baume plus sensible
Que ces regards fixés sur un songe invisible,
Que ces beaux yeux rêveurs et tout noyés de pleurs?
N'est-ce pas qu'il n'est rien, pour calmer nos douleurs,
Comme tous ces soupirs d'une âme qui s'éveille
Et tressaille et rougit d'une pudeur vermeille,
En sentant de son sang la nouvelle chaleur
Avec le bleu printemps lui refouler au cœur?
Que rien ne rend à Dieu nos âmes corrompues,
Comme tous ces frissons d'extases inconnues,
Divins enivrements, fruits du premier amour,
Plus beau qu'un ciel sans tache et plus pur que le jour ?
Qu'il n'est rien de plus saint, sous la voûte étoilée,
Que cette étoile d'or de tristesse voilée,
Que cette jeune fille au beau front parfumé
Qui dans les nuits d'avril rêve à son bien-aimé?

Et n'est-ce pas, amis, devant cette onde pure,
N'est-ce pas qu'il n'est pas d'assez noire torture,
De supplice assez fort, pour le mortel sans cœur
Qui dans cette eau limpide où veille la pudeur
Vient baver son venin en mirant son visage?
Pour le vil imposteur au perfide langage,
Qui, suçant jusqu'au bout dans son calice d'or
La divine liqueur où l'espérance dort,
Comme un frelon ignoble, en son âme insensible,
S'envole tout joyeux, avec un rire horrible,
Sans donner un regard à la crédule fleur
Qui lui donnait sa vie avec tout son bonheur,
Et qui, de désespoir, sur sa tige flétrie,
Enfermant dans son âme une image chérie,
Meurt en le bénissant dans un dernier soupir,
Qu'en passant, vers le ciel emporte le zéphyr?

Oui, mes amis, cet homme est cent fois plus infâme
Que le lâche assassin qui poignarde une femme
Pour lui voler son or ou quelque bijou vain;
Plus vil que la vipère au milieu du chemin,
Qu'on écrase du pied en détournant la tête.
Cet homme... en le voyant, dans la noire tempête,
La foudre d'un seul bond devrait l'anéantir;
Et le vent indigné que l'on entend gémir,
Le frappant tout à coup, comme un flot de poussière,
Disperserait au loin sa trace sur la terre !

Eh bien ! il est venu, ce messager d'enfer,
Il est venu brillant; et dans sa main de fer
A broyé cet enfant qui lui portait son âme.
Sous son pied triomphant tout ce beau corps de femme,

En l'embrassant en vain, s'est tordu de douleur.
Mais à lui qu'importait! Il avait pris son cœur,
Et l'avait, tout sanglant, cloué devant sa porte,
Afin que ses amis, folle et vaine cohorte,
Demain, en s'en allant de quelque antre hideux,
Chantant en chevrotant quelques refrains affreux,
Et voyant cette enseigne en passant sur la place,
Disent, les insensés : « Entrons chez Lovelace ! »

Et que croyez-vous donc que deviendra l'enfant ?
Qu'après avoir, trois jours, de l'infidèle amant
Maudit la trahison, et pleuré quelques larmes,
Voyant que sa beauté conservait tous ses charmes,
Elle ira l'oublier dans les salons brillants ?
Ou bien qu'un jour, lassée, et sous ses pleurs brûlants,

Riant divinement au ciel plein d'espérance,
Elle revêtira sa robe d'innocence,
Et murmurant tout bas son amour immortel,
Calme, s'endormira du sommeil éternel?

Eh bien ! non ! relevant son front souillé de fange,
Son beau front que, la nuit, baisait un blond archange,
Debout sur son amour comme un rêve écroulé,
Sur sa religion, sur son honneur foulé,
L'anathème à la main, dans cette lâche engeance,
Belle, elle s'en ira vivre pour la vengeance !

II

> Qui sait sous quel fardeau la pauvre âme succombe?
> V. Hugo

Maintenant regardez au bal éblouissant,

Cette femme éclatante au regard caressant,

Qui brûle votre cœur en deux éclairs de flamme!

Demandez! on dira : « C'est la femme sans âme.

Plus dangereuse à voir qu'un reptile hideux
Qui vous tient tout tremblant sous son œil venimeux ;
Plus terrible cent fois que le pâle vampire,
C'est la femme sans cœur, qui jamais ne soupire ;
Qui porte sur son front l'insensibilité ;
Pour qui l'amour jamais n'est qu'une volupté
Qu'on change tous les mois, comme un chapeau de paille.
Jamais elle ne pleure, et jamais ne tressaille
Aux larmes que répand son amant oublié.
Elle garde en son sein, sur son cœur replié,
Comme sur un rocher, au bord de quelque fosse,
Le serpent endormi de l'égoïsme atroce.
Sa fidèle image est ce camellia blanc
Qu'elle porte partout, dans l'ombre étincelant :
Belle fleur sans parfum ! — Et son nom, ô jeune homme,
N'est pas Marie, oh non ! C'est Marco qu'on la nomme !

Oui, c'est Marco la belle! — Oh! malheur à celui
Qui vient brûler son aile à ce flambeau de nuit!
Malheur, trois fois malheur à lui, si la sirène
Dans sa grotte fatale avec elle l'entraîne!
Malheur, malheur, vous dis-je, à vous, si vous l'aimez!
Trois jours vous baiserez ses cheveux parfumés;
Entre ses bras charmants bercé par son mensonge,
Trois jours vous pourrez croire à quelque divin songe;
Mais enfin dans ses mains quand elle aura pressé,
Comme un fruit qu'on rejette après l'avoir sucé,
Dans un dernier baiser votre âme goutte à goutte;
Quand vous n'aurez plus d'or à semer sur sa route;
Quand, vous tordant de rage et d'amour à ses pieds,
Vous voudrez invoquer les spectres oubliés
De vos embrassements dans vos nuits enchantées;
Quand votre âme en sanglots, en plaintes répétées,

Dans un dernier soupir brisera votre cœur,
Alors vous la verrez, toujours belle, ô stupeur !
Sur toutes vos douleurs faire éclater son rire.
Alors vous la verrez, dans son hideux délire,
Disparaître en chantant comme un sylphe joyeux.
Et si le désespoir vous fait, ô malheureux !
Chercher dans le tombeau l'oubli de la souffrance,
Comme elle avait craché sur la paix de l'enfance,
Comme elle souriait au cercueil maternel,
Toujours joyeuse et belle, au plaisir éternel
Elle fera sur vous tourbillonner sa danse.

Oui, prenez garde à vous, enfants pleins d'espérance,
Cœurs tendres et naïfs, ne la regardez pas !
Car si vous n'avez pas assez de force aux bras

Pour presser votre sein sur ce corps qui se pâme,
Assez de vice autour des pudeurs de votre âme
Pour étreindre en un jour cette idole de fer,
Vous souffrirez cent fois plus qu'un damné d'enfer,
Et mieux vaudrait pour vous qu'un tigre plein de rage
Vous dévorât la nuit sur un lointain rivage ! »

Voilà ce qu'ils diront, ces hommes sérieux ;
Et sur ton front si pur, en détournant leurs yeux,
Leur doigt imprimera la marque de souillure,
Et fiers de leur arrêt, dont la foule murmure,
Ils iront promener leur grave dignité,
En s'étonnant tout haut de ton impunité.

Ah ! malédiction ! cette femme est sans âme,
Dites-vous, et sa vie est une vie infâme !
Orgueilleux pleins d'envie, ô tristes insensés
Qui desséchez les fleurs partout où vous passez,
Savez-vous seulement ce que c'est qu'une femme ?
Savez-vous ce que c'est que cette blanche flamme
Qui brûlait autrefois, plus chaste dans son cœur,
Plus sainte mille fois, dans sa triste pâleur,
Que la lampe sacrée, au fond du sanctuaire,
Qui veille nuit et jour sur l'autel solitaire ?
Cette étoile vers qui vous auriez dû, vous tous,
Tendre en pleurant vos mains et fléchir les genoux ?
Savez-vous ce que c'est que ce rêve de fille
Qui naît au fond de l'âme et qui dans les yeux brille,
Embrassant d'un seul coup le ciel et l'univers ?
Ce que Dieu mit d'espoir sous ces grands cils ouverts ?

Ce qu'il mit de bonheur et de saintes promesses,
De candeur et d'amour et d'immenses tendresses
Dans un cœur de seize ans qui s'ouvre, et qui sourit
A toute la nature où le printemps fleurit?
Ah! si vous le saviez, ô graves personnages!
Si vous le compreniez, vous qui vous croyez sages,
Ce qu'elle doit souffrir, la vierge au chaste front,
Quand un impur esprit, plus noir qu'un noir démon,
Sur son sommeil doré, peuplé de bleus fantômes,
Sur son rayon d'azur plein de brillants atomes
Derrière elle s'en vient souffler en ricanant;
Quand elle voit soudain son bonheur rayonnant,
Illusions d'un jour, comme un vol d'hirondelles
Qui regagne joyeux ses lointaines tourelles,
S'enfuir à tout jamais sous son baiser glacé;
Si vous le compreniez, ce cœur jeune et froissé,

Vous diriez avec elle : « Au nom du Dieu suprême,
Sur ce monde méchant et sur l'homme, anathème!
Anathème sur vous qui brisez en riant
L'enfant qui vient à vous crédule et confiant ;
Sur vous qui salissez la timide innocence
De votre bave immonde, anathème et vengeance! »
Et vous ne diriez pas devant tant de douleur
Enfouie en son sein : « C'est la femme sans cœur! »
Et vous ne diriez pas : « C'est Marco l'insensible,
Qui sous un front si pur cache son âme horrible! »

Sans cœur ! O Dieu puissant ! — C'est vous, hommes pervers,
Qui ne voyez que vous dans le large univers;
C'est vous, hommes méchants, c'est vous, hommes infâmes
Qui n'avez pas de cœurs et qui n'avez pas d'âmes!

Sans cœur ! Damnation ! C'est pour trop en avoir
Qu'elle est venue un jour dans ce salon s'asseoir,
Promenant en riant sa fausse indifférence,
Quand veille dans son sein une atroce souffrance.
Jamais elle ne pleure ? avez-vous dit, je crois ;
Son éventail jamais n'est tombé de ses doigts ?
Qui vous l'a dit ? Hélas ! vous ne l'avez pas vue,
Lorsque la triste nuit chez elle est descendue,
Lorsque la solitude, et le silence, et Dieu.
Comme les longs flambeaux qui brûlent au saint lieu,
Veillent seuls auprès d'elle à son chevet plein d'ombre,
Vous ne l'avez pas vue, en sa torture sombre
Tordre ses bras de neige en sanglots convulsifs !...

Et les anges au ciel, à ses cris attentifs

Alors, s'accompagnant sur la harpe éternelle,
De la rédemption chantent l'heure immortelle...

A H...

A l'ombre des grands bois fuir le brûlant soleil ;
Se coucher mollement sous un chêne qui rêve ;
Abandonner son âme à l'oubli du sommeil ;
Entendre au loin gronder la vague sur la grève !

Être seul, être heureux! oublier l'univers!
Oublier que l'on souffre, oublier qu'on existe;
Sans penser à rien regarder à travers
La forêt, qui frémit éternellement triste!

Écouter tressaillir les feuilles dans le vent;
Plonger ses yeux distraits dans la source d'eau vive
Où court l'insecte noir sur le cristal mouvant,
Où le roseau penché frissonne sur la rive!

Voir les cailloux trembler sous l'onde; voir, en rond,
Le léger scarabée iriser sa surface;
Sur un brin d'herbe vert monter le puceron;
Au fond sourire un coin du ciel, qu'un souffle efface!

Suivre des yeux au loin, sur le ruisseau qui fuit,
La feuille que le vent effleure de son aile,
Pendant qu'au fond du bois, où son amant la suit,
Dans le feuillage épais chante la tourterelle !

Laisser s'écouler l'heure en sa morne torpeur ;
Laisser dans ses cheveux passer la brise pure ;
Loin des hommes méchants et du monde trompeur,
S'enivrer de silence et d'ombre et de murmure !

Surprendre la nature en son recueillement ;
Épier en secret, dans la haie odorante,
La rose qui se pâme aux bras de son amant
Le sylphe, bleu printemps à l'haleine enivrante !

Chercher ce que dans l'herbe, à l'abeille en butin,
Conte le papillon, roi des amours frivoles,
Et ce que dans le ciel, aux baisers du matin,
Te dit le chêne antique, ô nuage qui voles !

Et puis s'en revenir plein de pensers confus,
Après avoir vu Dieu, meilleur parmi les hommes,
En méditant tout bas dans les buissons touffus,
Et devant l'infini voir combien peu nous sommes !...

Quel bonheur !... Et c'était celui de chaque jour !
Mais je t'ai vue, hélas ! — Que me fait la nature ?
Si je retourne aux bois c'est pour rêver d'amour,
C'est pour cacher à tous ma saignante blessure !

GINÉRIO

> Il y avait une chanson qu'il chantait.
> Il la chantait à mes pieds avec une voix
> si douce!...
> V. HUGO.

I

Le soleil avait fui. — La belle Adriatique
Endormait ses flots bleus en frémissant d'amour
Sous le baiser des nuits, faible et mélancolique,
Que lui porte le vent sur la fin d'un beau jour.

Venise dans la brume illuminait dans l'onde
Ses noirs palais de marbre et ses dômes d'azur,
Et dans le crépuscule, en une paix profonde,
Rêvait aux anciens jours sous son beau ciel si pur.

Pensive à son balcon, et dans l'ombre épaissie
Plongeant son noir regard, qui plein d'amour reluit,
Hellane écoute au loin, sur la vague endormie,
Glisser une gondole au travers de la nuit.
Soudain un chant d'amour, comme un lointain murmure,
Plus léger qu'une plainte et plus doux qu'un soupir,
Du sein des flots s'élève, et dans le bleu zéphyr
Caresse en frissonnant sa noire chevelure :

O Venise qui dors
Sur les bords
De ton Adriatique;
Sous la brise du nord,
Te mirant dans ton port,
Dans ton port fantastique;
Venise aux mille feux,
O Venise la belle!
Dont le front étincelle,
Brillant plus que les cieux;
Malgré ton charme extrême,
Non, crois-moi,
Sur ma foi,
Ce n'est plus toi que j'aime;
Ce n'est plus toi,
Ce n'est plus toi.

En souveraine assise,
Dors, Venise;
Celle qui nuit et jour
A mon cœur, mon amour,
Vers qui va ma nacelle,
C'est Hellane, ma belle;
Mon Hellane aux yeux bleus,
Qui le soir sous les cieux,
Quand la lune blafarde
A l'horizon reluit,
A son balcon regarde
Dans la nuit
Et s'écrie :
« O mon âme chérie,
Viens près de moi,
Je suis à toi! »

« L'infâme ! » dit Hellane en déroulant l'échelle. —
Comme une ombre légère a glissé la nacelle.
« C'est toi, mon Ginério ? Pourquoi viens-tu si tard ? »
Une étrange lueur brilla dans son regard ;
Mais la nuit était noire, et Ginério sans crainte ;
Le bruit de leur baiser mourut comme une plainte.

Et maintenant, ô Nuit, dans ton voile argenté,
Passe en rêvant tout bas. Ton silence enchanté
Plane sur l'Océan où se mire Venise ;
Saint-Marc a disparu dans la brume, et la brise,
Comme une mère assise au berceau d'un enfant,
Berce la Volupté, qui se pâme en pleurant.
Recueille ces soupirs pour ta sainte harmonie,
Et verse en souriant sur la terre endormie

Ces baisers parfumés qui meurent dans ton sein ;
Pour les porter à Dieu tu t'enfuiras demain.

II

Avez-vous prié Dieu, ce soir, Desdemona ?
SHAKSPEARE.

Glisse sur les flots noirs, ô légère gondole,

Abandonne Venise à ses rêves dorés ;

Comme l'oiseau joyeux qui de son nid s'envole,

Emporte leurs chansons et leurs baisers sacrés.

Leur amour est plus pur que cette onde limpide
Qui réfléchit les flancs dans son miroir perfide;
Glisse au sein de la nuit, gondole de l'amour,
Gondole du bonheur, va, glisse jusqu'au jour !

« N'est-ce pas que des nuits la robe diaphane,
Aux rayons de la lune, et sur les flots mouvants.
S'emplit de voluptés et d'amour, mon Hellane ?
N'est-ce pas, Hellana, que l'haleine des vents,
En baisant sur ton front ta longue chevelure,
Murmure en frémissant des mots mystérieux,
Et jusqu'au fond du cœur porte une ivresse pure
Qui fait palpiter l'âme où descendent les cieux ?
N'entends-tu pas dans l'air d'étranges harmonies
Qui passent sur ta tête et montent vers le ciel ?

Ce sont, blanche Hellana, les grâces infinies
Que les amants la nuit rendent à l'Éternel.
A ce concert divin mêlons-nous, ô mon âme!
Et qu'un baiser de feu, réunissant nos cœurs,
A travers l'infini, comme une double flamme,
S'élance jusqu'à Dieu, que les anges en chœurs
De leurs hymnes d'amour encensent sur son trône!
Mon Hellane, aimons-nous, que notre amour l'étonne!

— Aimons-nous! dit Hellane. » Et jetant ses bras nus
Au cou de son amant, sur sa blanche poitrine
En proie à la fureur de transports inconnus,
Elle pressa son cœur. Sa lèvre purpurine
A ses lèvres s'unit dans la discrète nuit.
Mais ce baiser d'amour n'était pas, ô surprise!

Le baiser parfumé, faible et doux, qui s'enfuit
Comme l'impression d'une légère brise ;
Celui de deux amants devant qui l'avenir
S'ouvre brillant et pur de toute vaine crainte ;
Celui qui se prolonge en une ivresse sainte,
Et semble aux cœurs pâmés ne devoir pas finir ;
Ce n'était pas non plus celui de Juliette,
Qu'avant de la quitter, au chant de l'alouette,
De son balcon, joyeux emporte Roméo.
C'était un long baiser, furieux, plein de rage,
Qui fit frémir la nuit de son lugubre écho ;
L'âpre et sanglant baiser de la bête sauvage
Qui ne peut assouvir son amour insensé ;
Le baiser meurtrier du nocturne vampire
Qui suce encor le sang quand la vie a cessé.
Oui, c'était tout cela, mais c'était cent fois pire.

Ginério tout à coup fut saisi de terreur ;
Mais en vain il voulut fuir cette horrible étreinte ;
Un feu mystérieux lui dévorait le cœur.
« Je souffre, lui dit-il. » Commme une faible plainte
Sa voix vint expirer sur sa lèvre, et ses yeux
Se fermèrent soudain ; comme une lourde masse
Il tomba. — Se dressant alors, le front joyeux,
Laissant dans son regard éclater la menace,
Hellane, d'une voix terrible, lui cria :
« Ginério ! ton amour plus que l'onde est perfide !
Tu mens impudemment ! Ton cœur jamais n'aima !
Ah ! tu vas le matin, la lèvre encore humide
De mes baisers du soir, sans remords, sans pudeur,
A tous les carrefours prostituer ton cœur !
Tu te fais un jouet de l'amour d'une femme,
Et tu laisses la brise emporter en passant

Tes serments de la nuit et les pleurs de mon âme!
Et tu t'endors tranquille, heureux et confiant!
Oh! malédiction! pensive à ma fenêtre,
Quand j'écoutais au loin s'effacer dans les flots
Le bruit de ta gondole, à quelque autre, peut-être,
Tu portais ta chanson et tous tes faux sanglots;
D'un masque de candeur tu couvrais ton visage :
Des mots les plus sacrés tu te faisais un jeu;
Et tu ne craignais pas la colère de Dieu!
Et tu croyais, devant tant d'insulte et d'outrage,
Que je m'abaisserais à ramper à tes pieds
Comme le chien frappé, baisant la main du maître!
Pour ces amours d'un soir, le matin oubliés,
Tu prenais mes baisers, et ta bouche de traître
Sur mes lèvres jamais n'allait chercher le cœur!...
Tu ne savais donc pas ce que la jalousie

Jusqu'au fond de notre âme allume de fureur?
Tu ne savais donc pas quelle rage inouïe
Vous dévore le soir, lorsque le doute affreux
Sous un lit parfumé creuse un linceul hideux?
Quel poison infernal fait dans la solitude
Tendre en grinçant d'horreur vos deux bras dans la nuit!
— Hellana! mon amour!... Sois sans inquiétude!
Je n'aimais que toi seule... Oh! mon âme s'enfuit...
Je me meurs, Hellana! Que dis-tu?... Je succombe...
— Oh! pas un mot de plus! c'est assez blasphémer!
Je dis que ces flots bleus seront bientôt ta tombe;
Je dis qu'il faut mourir! Je dis que cette mer
Va s'entr'ouvrir d'horreur devant nous tout à l'heure!
A l'horizon déjà fuit l'oiseau qui l'effleure,
Et la vague là-bas s'éloigne en gémissant.
J'étais belle ce soir, disais-tu? — C'est l'ivresse.

C'est le poison, ami, qui m'échauffait le sang ;
C'est le dernier rayon de la folle jeunesse
Qui jetait, pour mourir, sa plus belle lueur ;
C'est lui qui brûle en toi ce qu'il te reste d'âme.
Oui, nous allons mourir ! — Cette céleste flamme,
Ce baiser saint et pur que dans ta fausse ardeur
Tu cherchais sur ma lèvre, et qui, bleu météore,
Devait monter au ciel sur l'aile de l'amour,
C'était l'éclair dernier de la dernière aurore,
Le cri désespéré de notre dernier jour,
Que nos deux cœurs unis, dans la plaine azurée,
En frissonnant d'effroi poussaient vers l'infini...
Regarde ! au front des cieux, dans sa pâleur nacrée,
La lune nous sourit : viens ! viens ! tout est fini !
Viens ! pour l'éternité tu me seras fidèle ;
Par cette nuit splendide il est doux de mourir !

— Hellana, je me meurs! Si belle et si cruelle!
Oh! m'as-tu pardonné?... Tu me fais bien souffrir!...
— Il est mort, dit Hellano, et moi j'attends encore.
Entr'ouvrez-vous, ô flots!» — Son poignard dans son sein
S'enfonça... L'Océan était calme à l'aurore.

La gondole revint vide le lendemain.

FIN

TABLE

Rêverie..	1
Plainte de minuit..	9
Vénus de Milo..	21
Fantomes...	27
Les Trois frères..	33
Seize ans...	41
Clair de lune...	47
Les Bords du Rhin.....................................	55
A H..	63
Crépuscule...	69
La-bas...	73
Plainte du matin..	79
Nox humida cœlo.......................................	97
Le Feu du ciel...	109
Vœux du crépuscule....................................	111
Mortalis homo, non memoria...........................	117
Voix dans la brise.....................................	121
Ballade...	127
La Valse de Weber.....................................	137
A mon ami E. B.......................................	141
Pleurs et sourires......................................	145
La Lune...	155
A H..	161

Un mot dans la nuit.	163
Jeune homme, sais-tu bien ?.	167
J'étais belle aujourdhui.	169
Mors, horrida mors!.	175
Insensibilité.	179
Ballade.	183
ΓΛΑΥΚΩΠΙΣ.	191
Cloches de minuit.	193
Espérance.	199
Le Chant de Sardanapale.	203
Ombre et rayon.	211
Au fond de l'onde.	217
Spectres dans la nuit.	219
Course a travers la nuit.	227
La Robe de Nessus.	233
A mon ami E. B.	241
Salmacis.	247
A H.	249
Vision.	253
Marco.	257
A H.	275
Ginério.	279

EN VENTE A LA LIBRAIRIE DE E. DENTU

PALAIS-ROYAL, 18, GALERIE D'ORLÉANS.

Aline, journal d'un jeune homme, par VALERY VERNIER, avec un dessin de Gustave Doré. 1 vol. grand in-18 jésus.................... 2 »

Brises et aquilons, pièces nouvelles, par ADRIEN PELADAN 1 volume in-18.. 1 »

Chansons de Gustave Nadaud. 3ᵉ édition, augmentée de 45 chansons nouvelles. 1 vol. grand in-18 jésus.......................... 3 50

Deuxième concours de la France littéraire. Poésie, avec des réflexions critiques, par ADRIEN PELADAN. 1 vol. in-18............. 1 »

Iambes et Poëmes, par AUGUSTE BARBIER. 9ᵉ édition, revue et corrigée. 1 vol. grand in-18 jésus................................. 3 50

Lucienne, Souvenir de la seizième année, par EUGÈNE LONG. 1 vol. grand in-18 jésus... 2 »

Pleurs et sourires, essais poétiques, par EMILE BELLIER. 1 vol. grand in-18 jésus.. 3 50

Poésies, par CLOVIS MICHAUX. 1 vol. grand in-18 jésus......... 3 50

Les Prismes, par RAOUL DE NAVERY. 1 vol. grand in-18 jésus.... 2 »

Rimes légères. Chansons et Odelottes. 1 vol. grand in-18 jésus....

Rose des Alpes, légende par JULES DE GÊNES. 1 fort vol. grand in-8 jésus, orné de trois eaux-fortes, par *Léo Drouin*................ 3 »

Sonnets, Iambes et Ballades, par M. E. DE SARS. 1 vol. grand in-18 jésus... 3 50

Souvenirs d'un Voyageur, par le vicomte C. DE NUGENT. 1 volume in-12.. 3 »

Stations poétiques, heures d'amour et de douleur, par SÉBASTIEN RHÉAL DE CESENA, autour du *Monde dantesque*, etc. 1 joli vol. gr. in-18 jésus. 2 »

La Vie à ciel ouvert, par MARC PESSONNEAUX. 1 vol. gr. in-18 jésus. 2 »

IMPRIMERIE DE PILLET FILS AÎNÉ, RUE DES GRANDS-AUGUSTINS, 5.

Contraste insuffisant

www.ingramcontent.com/pod-product-compliance
Lightning Source LLC
Chambersburg PA
CBHW071605170426
43196CB00033B/1791